CUENTOS FACILES
DE
HOY Y DE AYER

John M. Pittaro

Illustrated by

Arthur L. McCarty

Longman

PREFACE

It is important to make the study of Spanish entertaining as well as practical. The following collection of easy stories is intended to serve that dual purpose. The selections are amusing, and appealing to the students, because they have plenty of action, and different authentic scenes and background of the people of Spanish-speaking countries. The variety of situations encountered in *Cuentos fáciles de hoy y de ayer* engages the learner, and gives him the power to understand and speak Spanish in the most natural and interesting way. Furthermore, the slower students have repeated opportunities to reach a passing level of success as each new story is presented.

Since understanding and speaking the language are the two activities which must take precedence over all other linguistic activities, the exercises have been devised to encourage direct comprehension, speaking, and self-expression, with no attempt to review grammatical points. The stories, drills, and exercises have been carefully graded and integrated with varying degrees of difficulty.

To make the book available for early use, the finite verb forms are included in the general vocabulary of the first five selections. In working with the stories and exercises, the student is encouraged by the ease with which he can accomplish what is wanted of him, gaining a feeling of satisfaction and achievement.

John M. Pittaro

Suggestions for the use of *Cuentos Fáciles*

1. The teacher reads the story to the class with books closed;

2. Basic sentences and words are explained during the reading;

3. With books open, the teacher reads the story the second time, and the class repeats after him;

4. Several students read a part of the story;

5. The class is now ready to begin work on the exercises. Emphasis in chorus practice is recommended as much as time will permit;

6. Peculiarly Spanish constructions should be repeated often to make them familiar to the class;

7. At this point, individual students may be called upon to contribute a sentence in Spanish. The sum total should produce the oral composition of the narrative;

8. Some stories are quite adaptable for dramatization.

CONTENTS

CUENTOS FACILES

DE

HOY Y DE AYER

ANDALUCES COMO SIEMPRE

No todos saben que España[1] tiene varias regiones. Cada una de esas secciones tiene sus características de territorio y de habitantes. Andalucía[2] es una de las regiones. Allí es donde todo contribuye a hacer la vida agradable. Una vegetación abundante y una gran variedad de flores dan a los habitantes el carácter jovial y exagerado.[3]

En una calle de la encantadora ciudad de Sevilla[4] hablan dos andaluces Curro y Joselito. Este dice a Curro:

—Tengo en casa un cuadro magnífico. No sé quién es el pintor, pero es algo extraordinario. Es una obra maestra de pintura, no cabe duda.

— ¡Caramba,[5] debe ser algo excepcional! Dígame, ¿qué representa el cuadro?

—Un ramo de uvas[6] tan admirables, que los pájaros se detienen a picar[7] los granos.[8]

—Mira, Joselito. Tu cuadro será todo lo que dices, pero también tengo yo un cuadro en casa. Mi modestia no me permite alabar sus méritos excepcionales.

— ¿Y qué representa tu cuadro?

—Nada menos que un perro. Pero un perro pintado tan a lo vivo,[9] que las autoridades me han obligado a ponerle bozal.[10]

---

1. España *Spain, official name, the Spanish state, country in the southwest of Europe.* 2. Andalucía *Andalusia, one of the regions into which Spain is divided and subdivided into 51 provinces.* 3. exagerado *boastful* 4. Sevilla *Seville, city, port, southwest of Andalusia. Capital of Seville, province on the Guadalquivir river.* 5. ¡Caramba! *Heavens! Great Scott!* 6. un ramo de uvas *a bunch of grapes* 7. picar *to peck, bite* 8. el grano *grape (of a bunch)* 9. tan a lo vivo *so lifelike* 10. ponerle bozal *to put a muzzle on him.*

Preguntas

1. ¿Dónde hablan los dos andaluces?
2. ¿Cómo se llaman?
3. ¿Qué representa el cuadro de Joselito?
4. ¿Qué representa el cuadro de Curro?
5. ¿Qué le han obligado a hacer las autoridades?

Useful Expressions:

    (a) Curro tiene algo en casa.   *Frank has something at home.*
    (b) No cabe duda.   ⸱*There is no doubt.*
    (c) Dígame eso.   *Tell me that.*

ORAL EXERCISES

I. Word Study: (a) What English words and meaning do you recognize from the following?

varios	mérito
territorio	permitir
habitante	pintor
agradable	pintar
magnífico	autoridad
modestia	obligar
representar	contribuir

    (b) Find more words of the same kind in the text.

II. Comprehension: Complete the following sentences according to the text.

    1. Los habitantes de Andalucía son ——.
    2. España tiene varias ——.
    3. Andalucía es una de ——.

4. Los andaluces son de un carácter ——.
5. Los dos hablan en una ——.
6. Joselito tiene en casa un ——.
7. Los méritos del cuadro son ——.
8. Los dos cuadros son ——.

III. Practical Fluency Drills:

(a) En casa tengo un gato.
   At home I have a cat.
                       un canario.
                       un burro.
                       un perro (*dog*).
                       un loro (*parrot*).
                       un conejo (*rabbit*).

(b) Hay una gran variedad de rosas.
   There is a great variety of roses.
                       de gardenias.
                       de camelias.
                       de orquídeas.
                       de claveles (*carnations*).

(c) Allí es donde vivo.
   That is where I live.
                       trabajo (*work*).
                       estudio (*study*).
                       canto (*sing*).
                       escribo (*write*).
                       bailo (*dance*).

(d) No soy pintor.
   I am not a painter.
                       doctor.
                       profesor.
                       estudiante.
                       policía.
                       andaluz.

IV. Sentence Tables:

Preguntas

¿Es	Joselito Curro el hombre	español? pintor? norteamericano?

Respuestas

Sí, No,	Curro Joselito el hombre	es (no) es	pintor. español. norteamericano.

How many original sentences can you form from the above sentences?

ATRACO[1] ORIGINAL

Escena: Una calle desierta de la ciudad.
Personajes: Un atracador[2] y una pobre víctima.

— ¡Alto![3]
— ¿Qué es esto, un atraco?
— ¡El dinero o la vida!
—No tengo dinero.
—Pues entonces,[4] ¡la vida!
—Mi vida es inútil. No va a sacar nada,[5] porque tampoco he hecho testamento a su favor.
—Mire, imbécil, no estoy aquí para bromear.[6]
—De eso estoy seguro.
—Conque, ¡arriba las manos![7]
— ¡Le digo que no puedo!
— ¡Arriba las manos o disparo![8]
—Le digo otra vez[9] que no puedo.
— ¿Y por qué no puede?
—Porque es imposible, no puedo.
—Le advierto que si no pone las manos arriba voy a disparar.[10]
—No puedo hacer eso porque se me han roto los tirantes[11] y se me están cayendo los pantalones.[12]

1. el atraco *holdup* 2. el atracador *holdup man* 3. ¡Alto! *Stop!* 4. Pues entonces *Well then* 5. No va a sacar nada *You're not going to get anything.* 6. para bromear *to joke* 7. Conque, ¡arriba las manos! *So then, hands up!* 8. disparo *I shoot* 9. otra vez *again* 10. voy a disparar *I'm going to shoot* 11. Se me han roto los tirantes *My suspenders are broken* 12. se me están cayendo los pantalones *my pants are falling*

Preguntas

1. ¿Cuántos personajes tiene esta escena?
2. ¿Cuál es el título de la escena?
3. ¿Por qué no va a sacar nada el atracador?
4. ¿Cuándo va a disparar?
5. ¿Por qué no puede levantar las manos la víctima?

Useful Expressions:

(a) Usted no va a decir nada.   *You're not going to say anything.*

(b) No puedo hacer eso.   *I can't do that.*

(c) Estamos aquí para estudiar.   *We are here to study.*

ORAL EXERCISES

I. Match the opposites of the following words:

vida	abajo
inútil	también
nada	posible
arriba	muerte
imposible	algo
tampoco	útil

II. Comprehension: Tell whether the following sentences are true or false:

1. El atraco pasa en una calle desierta.
2. La víctima del atraco tiene dinero.
3. Los dos están en una ciudad.
4. La víctima no puede poner las manos arriba.
5. Los pantalones no le están cayendo.
6. Los personajes del cuento son el atracador y la víctima.
7. El atracador no va a disparar.
8. El título del cuento es atraco original.

III. Practical Fluency Drills:

(a) ¿De eso está usted seguro?
   Are you sure of that?

   nosotros
   ellos
   ella
   ustedes
   él

(b) Puedo hacerlo.
   I can do it.
   Ellos
   El
   Ana y María
   Nosotras
   Usted

(c) ¿Dónde ocurre esto?
   Where does this happen?
   ¿Cuándo
   ¿Cómo
   ¿Por qué
   ¿Qué día
   ¿A quién

(d) Sé lo que usted dice.
   I know what you are saying.
                hace.
                estudia.
                compra.
                vende.
                escribe.

IV. Sentence Table:

El	pasa por	una calle desierta
Nosotros	(no) ponemos	las manos arriba
Usted	ve	al hombre jovial

SU PUNTO DE VISTA

Escena: En un muelle[1] de Sevilla.
Personajes: Un turista americano y un pescador[2] pobre sevillano. El pescador echado por tierra[3] descansando. El americano conversa con el pescador.

Americano. —Si yo fuera usted,[4] no me contentaría[5] con tener un barco insignificante. En vez de[6] pasar los días sin hacer nada,[7] trabajaría mucho todos los días[8] y ganaría el dinero suficiente para comprar otro barco mejor.

Pescador. —¿Y qué haría usted con el nuevo barco?

Americano. —Lo haría trabajar por mi cuenta[9] y con el dinero ganado compraría otro barco. Y haría eso hasta tener una flotilla[10] de barcos.

Pescador. —Y después, ¿qué haría usted?

Americano. —¿Después? Mi flotilla me permitiría ahorrar[11] mucho dinero y retirarme de los negocios.

Pescador. —¿Y entonces?

Americano. —Entonces no haría absolutatmente[12] nada.

Pescador. —Pues, mire usted. Eso es precisamente lo que estoy haciendo[13] sin tomarme tanta molestia.[14] Su ambición no me conviene.[15]

El pescador cierra los ojos y empieza a roncar.[16]

---

1. el muelle *wharf, dock* 2. el pescador *fisherman* 3. echado por tierra *lying on the ground* 4. Si yo fuera usted *If I were you* 5. no me contentaría *I would not be satisfied.* 6. En vez de *instead of* 7. sin hacer nada *without doing anything* 8. todos los días *every day* 9. por mi cuenta *for me* 10. la flotilla *fleet* 11. ahorrar *to save* 12. absolutamente, absoluto, -a *adjectives add -mente to the feminine singular to form the corresponding adverb; if the masculine and feminine are the same, add -mente to the common form; the suffix -mente corresponds to the English -ly.* 13. lo que estoy haciendo *what I'm doing* 14. la molestia *trouble* 15. no me conviene *is not for me* 16. empieza a roncar *begins to snore*

9

Preguntas

1. ¿Quiénes son los personajes?
2. ¿Con qué se contenta el pescador?
3. ¿Cuántos barcos compraría el americano?
4. ¿Qué haría el americano con su flotilla?
5. ¿Por qué no le gusta al pescador la ambición del americano?

Useful Expressions:

(a) Luis pasa los días sin hacer nada. *Luis spends his days without doing anything,*

(b) Yo no hago absolutamente nada. *I'm not doing absolutely anything.*

(c) Trabajamos mucho todos los días. *We work a great deal every day.*

ORAL EXERCISES

I. **Word study:** (a) What English words and meaning do you recognize from the following?

el turista	la flotilla
americano	mucho
conversar	suficiente
pasar	la ambición
insignificante	absolutamente
permitir	

(b) Find more words of the same kind in the text.

II. **Comprehension:** Complete the following sentences according to the text.

1. La escena pasa en un muelle de ——.
2. El turista habla al ——.
3. Unas personas pasan los días ——.

4. El pescador no gana ——.
5. Yo no quiero comprar ——.
6. Yo no voy a retirarme de ——.
7. Ahora usted no hace absolutamente ——.
8. Estoy haciendo eso sin tomarme ——.

III. Practical Fluency Drills:

(a) El pescador conversa con el americano.
The fisherman is conversing with the American.
Nosotros
Ellos
Usted y yo
Usted
Todos

(b) Yo paso el día sin hacer nada.
I spend the day without doing anything.
Usted y yo
El señor Cano
Isabel
Nosotros
Carlos

(c) Nosotros empezamos a trabajar.
We are beginning to work.
hacerlo.
hablar (*speak*).
estudiar (*study*).
preguntar (*ask*).
contestar (*answer*).

(d) Usted puede hacerlo.
You can do it.
decirlo (*say*).
estudiarlo.
oirlo (*hear*).
aprenderlo (*learn*).
repetirlo.

11

IV. Imperative:

Compre usted algo.	*Buy something*
No compre algo.	*Don't buy anything.*
Tome usted esto.	*Take this.*
No tome usted esto.	*Don't take this.*
Trabaje mucho.	*Work much.*
No trabaje mucho	*Don't work much.*
Coma algo.	*Eat something.*
No coma algo.	*Don't eat anything.*
Viva aquí.	*Live here.*
No viva aquí.	*Don't live here.*

LOS DOS COMEN CARNE

No todos saben que la vida de los actores es bastante dura. A veces[1] tienen que exponerse[2] a toda clase de abusos de los directores y del público. La carrera de un actor representa un período de mucho trabajo y no menos sacrificios.

Este episodio pasa en la oficina del director de un circo ambulante[3] de provincia. El director del espectáculo explicaba al actor que busca empleo:

—La escena dura sólo diez minutos. Usted se acuesta en esta cama y espera. Luego nosotros traeremos al león y lo acostaremos con usted.

—¿Ustedes van a traer[4] un león para acostarlo a mi lado?

—¡Sí, claro! [5] ¿Qué mal hay en eso? [6] Con eso la función[7] va a ser un gran éxito.[8]

—Vamos a ver si comprendo bien. Yo voy a acostarme en esta cama. Luego ustedes van a entrar con el león, que se acostará a mi lado.

—Sí, eso es exactamente lo que vamos a hacer.

—Pues, la idea no me gusta.[9] ¿Yo en cama con un león? No, muchas gracias.[10] No puede ser.[11] Renuncio a mi papel.[12]

—Le aseguro que el león no le hará el menor daño. Ha sido criado con leche.[13]

—También yo fui criado con leche —respondió el actor con énfasis —pero ahora como carne.

---

1. A veces *sometimes* 2. exponerse *to expose* 3. el circo ambulante *traveling circus* 4. van a traer *are going to bring in* 5. ¡Sí, claro! *Yes, of course!* 6. ¿Qué mal hay en eso? *What harm is there in that?* 7. la función *show, performance* 8. el éxito *success* 9. Pues, la idea no me gusta. *Well I don't like the idea.* 10. Muchas gracias. *Thank you very much.* 11. No puede ser. *Nothing doing. The deal is off.* 12. Renuncio a mi papel. *I reject my rôle.* 13. Ha sido criado con leche. *He has been raised on milk.*

Preguntas:

1. ¿Qué dicen de la vida de los actores?
2. ¿Dónde pasa el episodio?
3. ¿Cuántos minutos dura la escena?
4. ¿Con quién se va a acostar el actor?
5. ¿Qué comen ahora el león y el actor?

Useful Expressions:

(a) No me gusta la idea.	*I don't like the idea.*
(b) Me gustan las buenas ideas.	*I like good ideas.*
(c) Eso no le hará el menor daño.	*That will not harm you at all.*
(d) La función va a ser un éxito.	*The show is going to be a success.*

ORAL EXERCISES

I. Word Study: (a) Match the meaning of the Spanish and English words:

vida	*hard*
daño	*work*
leche	*side*
duro	*life*
luego	*bed*
bastante	*job*
trabajo	*meat*
también	*milk*
empleo	*then*
carne	*also*
lado	*harm*
cama	*quite*

14

(b) Find the Spanish word for each of the following:

lion	*much*
enter	*scene*
minute	*actor*
province	*exactly*
period	*idea*

II. Comprehension: Complete the following sentences:

1. La vida de los actores es ——.
2. Ellos tienen que exponerse a ——.
3. El actor del cuento busca ——.
4. El director explica la escena al ——.
5. El actor va a acostarse con ——.
6. Usted se acuesta en ——.
7. La función va a ser un gran ——.
8. Los actores trabajan ——.

III. Practical Fluency Drills:

(a) A veces como carne.
   At times I eat meat.

> pescado (*fish*).
> pollo (*chicken*).
> pan *(bread)*.
> bananas.
> dulces (*candy*).

(b) El actor va a hacerlo.
   The actor is going to do it.
   Yo
   Felipe
   Usted
   Usted y yo
   Todos

(c) ¿Le gusta ir al circo?
    Do you like to go to the circus?
                teatro?
                campo?
                cine?
                concierto?
                museo?

(d) Me gustan las buenas ideas.
    I like good ideas.
                libros.
                casas.
                escuelas.
                profesores.
                autos.

IV. Memorize and dramatize:

Dialog:

¿Le gusta ir al circo?	*Do you like to go to the circus?*
—Sí, me gusta ir al circo.	*Yes, I do like to go to the circus.*
—¿Por qué le gusta ir?	*Why do you like to go?*
—Siempre hay una buena función.	*There is always a good show.*

Series:

El actor necesita empleo.	*The actor needs a job.*
Va al circo para pedir trabajo.	*He goes to the circus to ask for work.*
No le gusta lo que debe hacer.	*He does not like what he has to do.*

COSAS DE LA VIDA

En la vida pasan cosas que no se explican.[1] Hay episodios que quedan en el misterio durante toda la vida. Ese fue el caso del matrimonio Flores.

Año 1900 (mil novecientos). Cierta noche están marido y mujer leyendo,[2] sentados en un sofá. Los dos se quieren[3] mucho; se adoran.[4] Pero están tristes; son muy pobres.

Llega la Navidad[5] y uno y otro se dicen para sí:[6] "No puedo dejar pasar la Navidad sin hacerle un regalo.[7] ¿Qué voy a hacer para comprarle un regalo? "

La mujer que tiene unos hermosos cabellos[8] de oro se los corta[9] y los vende. Con el dinero compra un regalo para su marido.

El día de Navidad, el marido llega y ve a su mujer con los cabellos cortados. No está enfadado[10] ni furioso. Pero el pobre hombre está triste, muy triste.

—¡Qué lástima![11] Yo te había comprado[12] una peineta[13] para tus cabellos de oro —dice el marido a su esposa.

—Perdón, querido, yo me corté el cabello[14] para comprarte una cadena[15] para tu reloj —dice la esposa a su marido.

—Y yo he vendido[16] mi reloj para comprarte la peineta.

---

1. no se explican *are not explainable* 2. están leyendo *are reading* 3. se quieren *love each other* 4. se adoran *adore each other* 5. Llega la Navidad *It is Christmas* 6. se dicen para sí *say to themselves* 7. sin hacerle un regalo *without giving him a present* 8. el cabello *hair (of the head)* 9. se los corta *cuts it* 10. enfadado *angry* 11. ¡Qué lástima! *What a pity!* 12. te había comprado *I had bought you* 13. la peineta *a large decorative shell comb worn by women* 14. yo me corté el cabello *I cut my hair* 15. la cadena *chain* 16. he vendido *I have sold*

Preguntas

1. ¿Qué año es?
2. ¿Dónde están sentados marido y mujer?
3. ¿Qué se dicen uno y otro para sí?
4. ¿Qué regalos compraron los dos?
5. ¿Por qué no usaron la peineta y la cadena?

Useful Expressions:

(a) Están leyendo el periódico. *They are reading the paper.*
(b) Puedo hacerle un regalo. *I can give you a present.*
(c) El ha comprado un reloj. *He has bought a watch.*
(d) Ella se corta los cabellos. *She cuts her hair.*

ORAL EXERCISES

I. (a) Match the opposites of the following words:

pobre	día
vida	salir
noche	alegre
querer a	muerte
triste	vender
sin	odiar
llegar	rico
comprar	con

(b) **Can you guess the meaning of the following words in English?**

misterio	perdón
furioso	cierto
pasar	adorar
mucho	durante
vender	episodio
esposa	explicar

18

II. Comprehension: Read out loud and tell whether the sentence is true or false:

1. Marido y mujer entán sentados.
2. Los dos quieren comprar un regalo.
3. La esposa se corta el cabello.
4. El marido está muy furioso.
5. La esposa va a vender su reloj.
6. Ella no ha vendido su cadena.
7. El marido quiere dar su reloj a su mujer.
8. El matrimonio compra y vende algo.

III. Practical Fluency Drills:

(a) No puedo trabajar.
    I can't work.
               comprar.
               vender.
               entrar.
               comer.
               ver.

(b) Vamos a trabajar.
    We are going to work.
               vender.
               entrar.
               comprar.
               comer.
               beber (*drink*).

(c) Ellos están tristes.
    They are sad.
               sentados.
               buenos.
               malos.
               contentos
               descontentos.

(d) La esposa está leyendo un libro.
The wife is reading a book.
una revista (*magazine*).
una carta (*letter*).
un periódico (*newspaper*).
una novela.
un cuento.

IV. Basic Sentences:

Es día de Navidad.	*It is Christmas.*
Año Nuevo.	*It is New Year.*
Pascua Florida.	*It is Easter.*
del aniversario	*It is Washington's*
de Wáshington	*birthday.*
Es día de las madres.	*It is Mother's Day.*
la Independencia.	*It is Independence Day.*

EL LUSTRABOTAS[1] PEQUEÑO

Eran las diez de la mañana. Un pobre lustrabotas no había desayunado.[2] No había ganado nada. Se acercó a un obeso[3] caballero que llevaba los zapatos sucios:[4]

—¿Lustro,[5] señor? Veinte centavos.[6]

—No; es muy caro.

—Diez centavos.

—He dicho que no.[7]

—Cinco centavos, señor, para comprarme un panecillo.[8]

— ¡ Déjame tranquilo! [9]

—Bien, se los limparé gratis.[10]

—Muy bien. Por complacerte . . .[11]

El pequeño pasó el cepillo[12] al zapato del pie derecho, le dio crema,[13] lo frotó con un paño[14] y lo dejó tan reluciente[15] y brillante como el oro.

—Ahora límpiame el del pie izquierdo también.

—No puede ser,[16] señor.

— ¡Cómo! ¿Crees tú que voy a ir con un zapato limpio y otro sucio?

—Se lo limpiaré, pero éste ha de ser pagándome.[17]

— ¿Cinco centavos?

—No.

— ¿Diez centavos?

—No.

— ¿Veinte centavos?

1. el lustrabotas *bootblack, shoeblack*   2. desayunar *to breakfast, have breakfast*   3. obeso *fat, obese*   4. sucio *dirty*   5. ¿Lustro, señor? *Shine, sir?*   6. el centavo *cent*   7. He dicho que no. *I've said no.*   8. el panecillo *roll, bun*   9. ¡Déjame tranquilo! *Don't bother me!*   10. se los limpio gratis *I'll shine them for nothing*   11. complacer *to please*   12. el cepillo *brush*   13. le dio crema *put on shoe polish*   14. frotó con un paño *rubbed it with a rag*   15. reluciente *bright, shiny*   16. No puede ser, señor. *Nothing doing, sir.*   17. Se lo limpiaré, pero ha ser pagándome *I'll shine it, but you are to pay me for it.*

—Es poco todavía.

—¿Treinta, acaso?

—Cuarenta, señor. Pero el pago ha de ser por anticipado,[18] si no, no hay nada de lo dicho.[19]

Y el obeso caballero no tuvo otro remedio que dar al pequeño lo que le pedía. Con el dinero que recibió desayunó magníficamente aquel día.

---

18. el pago ha de ser por anticipado *payment in advance*   19. no hay nada de lo dicho *the deal is off*

Preguntas

1. ¿Cuánto había ganado el lustrabotas?
2. ¿Quién llevaba los zapatos sucios?
3. ¿Por qué no quería pagar al lustrabotas?
4. ¿Por cuánto le limpió un zapato?
5. ¿Cuánto recibió el lustrabotas del caballero?

Useful Expressions:

(a) El hombre llevaba los zapatos sucios. — *The man wore dirty shoes.*

(b) Eran las diez de la mañana. — *It was ten o'clock in the morning.*

(c) ¡He dicho que no! — *I have said no!*

(d) Me he acercado al hombre. — *I have approached the man.*

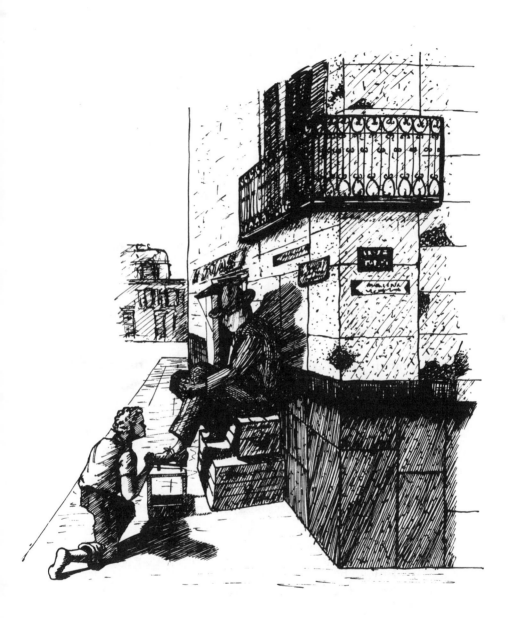

ORAL EXERCISES

I. Word Study: (a) Match the following opposites:

pobre	perder
nada	barato
ganar	tampoco
caro	recibir
bien	sucio
derecho	grande
también	mucho
limpio	rico
pequeño	mal
dar	algo
poco	izquierdo

(b) Recite the corresponding Spanish words for: *morning, nothing, buy, pay, also, believe*

II. Comprehension: Are the following sentences true or false?

1. El muchacho quiere comprar algo.
2. Eran las ocho de la mañana.
3. El no había ganado nada.
4. El caballero llevaba los zapatos limpios.
5. Iba a ir con un zapato limpo y otro sucio.
6. El pequeño no quiere limpiar los zapatos.
7. El caballero pagó cuarenta centavos.
8. Ese día el lustrabotas desayunó muy bien.

III. Practical Fluency Drills:

(a) Hoy no he ganado nada.
   Today I have not earned anything.

   El caballero
   Nosotros
   Ellos
   Los dos
   El señor Cano

(b) He dicho que sí.
I have said yes.
Usted y yo
María
Carlos
Ellos
Juan y María

IV. (a) Series

El lustrabotas tiene hambre.	*The bootblack is hungry.*
Va a un restaurante.	*He goes to a restaurant.*
Entra.	*He enters.*
Come algo.	*He eats something*

(b) Dialog:

—Quiero ver el menú.	*I want to see the menu.*
—Aquí está.	*Here it is.*
—¿Qué desea comer?	*What do you wish to eat?*
—Un par de huevos fritos y panecillos con mantequilla.	*A couple of fried eggs, butter and rolls.*

1. Nada existe en la tierra que no sirve para algo.
   Pérez Galdós

   There is nothing on earth that is not good for something.
   Pérez Galdós

2. No creer en nada es estar loco.
   Campoamor

   Not to believe in anything is to be crazy.
   Campoamor

3. El que presta a un amigo, pierde el dinero y el amigo.
   Fernán Caballero

   He who lends to a friend, loses money and friend.
   Fernán Caballero

4. Yo nunca tengo miedo cuando hago lo que debo.
   Echegaray

   I am never afraid when I am doing what I ought to do.
   Echegaray

5. Es difícil salvar a quien no quiere salvarse de ningún modo.
   Benavente

   It is hard to save someone who does not want to be saved at all.
   Benavente

6. Cuando hay alegría, todo se hace bien.
   Pérez Galdós

   When there is happiness everything is well done.
   Pérez Galdós

7. El hombre que se avergüenza de ser feliz debe andar en cuatro pies.
   Tomayo y Baus

   The man who is ashamed of being happy ought to walk on four paws.
   Tomayo y Baus

8. Digan lo que quieran, la alegría es muy barata.
   Echegaray

   Let them say what they will, happiness is very cheap.
   Echegaray

9. Mi opulencia es la sencillez; mi lujo, la sobriedad; mi reposo, el trabajo.
   Pérez Galdós

   My wealth is simplicity; my luxury, sobriety; my rest, work.
   Pérez Galdós

DEVUELVELE[1] LOS TREINTA CENTAVOS

Escena: En las puertas del paraíso.[2]
Personajes: San Pedro, el ángel Gabriel y Pérez, un rico banquero.

San Pedro. — ¿Quién es usted?

Pérez. —Soy Juan Pérez, director de un banco próspero.

San Pedro. — ¿Qué quiere?

Pérez. —Quiero entrar en el paraíso.[3]

San Pedro. — ¿Y qué ha hecho para merecer ser recibido?

Pérez. —Primero, he sido muy buen cristiano.

San Pedro. — ¿Y qué más? [4]

Pérez. —El otro día me encontré con una viejecita[5] muy enferma y le di diez centavos.

San Pedro. —Gabriel, ¿figura eso en los libros?

Gabriel. —Sí. Pedro, lo tiene acreditado.[6]

San Pedro. —Está bien.[7] ¿Y qué otra cosa hizo?

Pérez. —Una vez, hace muchos años,[8] le di diez centavos a un chico que dormía en un portal.[9]

San Pedro. —Gabriel, ¿también figura eso en los libros?

Gabriel. —Sí, Pedro, también está acreditado en los libros.

San Pedro. — ¿Qué otra cosa hizo?

Pérez. —Salvé la vida de un pobre mendigo[10] que se moría de hambre, dándole diez centavos.

Gabriel. —También está acreditado en los libros.

San Pedro. — ¿Hay otra cosa que hizo?

Pérez. —Por el momento, no me acuerdo de más.[11]

San Pedro. — ¿Qué te parece que debemos hacer[12] con este tipo,[13] Gabriel?

Gabriel. —Devuélvele ·sus treinta centavos y ¡mándalo al infierno! [14]

---

1. Devuélvele *Give him back* 2. las puertas del paraíso. *the gates of paradise* 3. Quiero entrar en el paraíso. *I want to enter paradise.* 4. qué más *what else* 5. una viejecita *a little old woman* 6. lo tiene acreditado *he has credit for it* 7. Está bien. *All right.* 8. hace muchos años *many years ago* 9. el portal *doorstep* 10. el mendigo *beggar* 11. no me acuerdo de más *I don't remember anything else* 12. ¿Qué te parece que debemos hacer . . ? *What do you think we ought to do . . .?* 13. el tipo *fellow, guy, character* 14. ¡mándalo al infierno! *send him to hell!*

Preguntas

1. ¿Quiénes son los tres personajes de la escena?
2. ¿Quién se presenta a las puertas del paraíso?
3. ¿En dónde quiere entrar Pérez?
4. ¿A quiénes ayudó Pérez con sus treinta centavos?
5. ¿A dónde debe mandar a Pérez San Pedro?

Useful Expressions:

(a) El entra en la casa.   *He enters the house.*
(b) Me encontré con mi amigo.   *I met my friend.*
(c) El banquero no se acuerda de eso.   *The banker does not remember that.*
(d) Hace muchos años que murió.   *He died many years ago.*

ORAL EXERCISES

I. **Word Study:** (a) Give the English equivalent of the following words:

paraíso	dormir
banquero	acreditado
banco	momento
próspero	enfermo
entrar	encontrar
cristiano	centavo

(b) What do the following words mean in English?

querer	treinta
merecer	año
día	mendigo
diez	también
cosa	parecer
chico	

28

II. Comprehension: Rearrange the words to make sentences which are related to the story:

Example: Pedro, saber, era, San, quién quiere, Pérez,
San Pedro quiere saber quién era Pérez.

1. banquero, Pérez, rico, Juan, un, es.
2. cristiano, banquero, no, buen, es, el, un.
3. centavos, Pérez, diez, personas, dio, tres, a.
4. quiere, en, el, entrar, el, paraíso, banquero.
5. tres, San Pedro, los, y, Pérez, Gabriel, son, personajes.
6. recibió, el, centavos, chico, diez.

III. Practical Fluency Drills:

(a) Qué más quiere usted?
   What else do you want?
                nosotros?
                yo?
                Juan?
                ellos?
                el banquero?

(b) Devuélvale el dinero.
   Give him back the money.
                el cuadro.
                el regalo.
                el libro.
                el centavo.
                el reloj.

IV. Sentence Tables: How many original sentences can you form from the following:

(a)   **Preguntas**

	el señor Pérez		un ángel?
	Gabriel	un	un banquero?
¿Es	la señora	una	un hombre?
	la señorita		una mujer?

29

Sí, No,	el señor Pérez Gabriel la señora la señorita	no (es)	un ángel. un banquero. un hombre. una mujer.

(b)

Yo Nosotros Ellos Usted	puedo queremos deben tiene que	leer escribir mandar comprar	un libro. un cuento. algo. esto.

How many original sentences can you form from the above sentences?

EL TIGRE Y LA TORTUGA[1]

En este mundo hay hombres de toda clase. Hay hombres de muy buenos modales[2] como los hay[3] de malos. En la ciudad de Santiago de Campostela[4] había un conde[5] que había recibido las sagradas órdenes.[6] Con el tiempo había llegado hasta la dignidad de obispo.[7] Como persona culta[8] poseía una colección de objetos de plata de gran valor. Estos los había heredado[9] de sus antepasados[10] y por eso[11] los apreciaba mucho. Entre ellos había una copa finamente cincelada[12] que representaba un tigre.

Un día un noble, amigo del obispo, le pidió prestada[13] la copa. Deseaba encargar a un artífice[14] una igual para su propio uso.

Al obispo no le gustaba prestar aquellos objetos. Accedió a la petición porque el noble era persona muy distinguida. Creía que iba a cuidar aquella copa como él mismo.

Pasaron dos, tres meses y el noble no devolvía la copa. A fines del[15] cuarto mes envió la copa sin pedir disculpa[16] alguna por la tardanza.[17] Además, pidió prestado al obispo un salero[18] de plata que tenía la forma de una tortuga.

Y el obispo dijo al sirviente del noble:

—Diga a su amo. Si, el tigre que es uno de los animales más ágiles[19] ha tardado casi cuatro meses en[20] volver a mis manos, la tortuga, como es tan lenta,[21] va a tardar por lo menos[22] cuatro años. Tenga la bondad de decirle[23] a su amo que es imposible prestarle el salero.

1. la tortuga *turtle* 2. los modales *manners* 3. como los hay *as there are* 4. Santiago de Compostela, *city in the province of La Coruña in northwestern Spain. Its beautiful cathedral remains a shrine of Christian pilgrimage. It is believed to have the bones of St. James.* 5. el conde *count* 6. las sagradas órdenes *religious honors* 7. el obispo *bishop* 8. culto *cultured, well educated* 9. heredar *to inherit* 10. los antepasados *ancestors* 11. por eso *for that reason* 12. una copa finamente cincelada *a cup artistically engraved* 13. pedir prestado a *to borrow from* 14. el artífice *craftsman* 15. a fines de *at the end of* 16. la disculpa *excuse, pardon* 17. la tardanza *delay* 18. el salero *saltcellar, saltshaker* 19. ágil *fast, quick* 20. tardar en *to be late in* 21. lento *slow* 22. por lo menos *at least* 23. Tenga la bondad de decirle *Please tell him*

Preguntas

1. ¿Qué poseía el obispo?
2. ¿Qué había entre aquellos objetos?
3. ¿Por qué accedió a la petición del noble?
4. ¿Cuándo devolvió la copa?
5. ¿Cuántos años iba a tardar la tortuga?

Useful Expressions:

(a) No le gustaba prestar cosas.   *He did not like to lend things.*

(b) A fines de cuatro meses recibió la copa.   *At the end of four months he received the cup.*

(c) Yo pedí prestada la copa al conde.   *I borrowed the cup from the count.*

(d) Va a tardar unos minutos.   *He is going to be late a few minutes.*

ORAL EXERCISES

I. Word Study: Match the meaning of the Spanish and English words:

1. mundo	*bishop*
2. plata	*take care of*
3. amo	*order*
4. obispo	*world*
5. cuidar	*return*
6. además	*silver*
7. hombre	*city*
8. devolver	*besides*
9. encargar	*master*
10. ciudad	*man*

II. Comprehension: Complete the following sentences according to the text:

1. En Santiago hay hombres de ——.
2. La ciudad de Santiago está en ——.

32

3. El conde poseía una colección de ——.
4. Al obispo no le gustaba ——.
5. El conde era una persona muy ——.
6. Los tigres son animales muy ——.
7. El amigo del obispo pidió prestada ——.
8. Diga a su amo que no le presto ——.

III. Practical Fluency Drills:

(a) Quiero pedir prestado su lápiz.
I want to borrow your pencil.
>>> auto.
>>> cuaderno (*notebook*).
>>> libro.
>>> bolígrafo (*ball point pen*).
>>> dos sillas.

(b) Hay hombres buenos y malos.
There are good and bad men.
> mujeres
> ciudades
> amigos
> animales
> cosas

(c) El conde va a pedirle algo. . . .
The count is going to ask for something.
>> leer mucho.
>> escribir eso.
>> comprar el libro.
>> salir de aquí.
>> estudiar inglés.

(d) Al estudiante le gusta el cuento.
The student likes the story.
>>> la copa.
>>> el libro.
>>> la idea.
>>> el objeto.
>>> el circo.

IV. Sentence Table: How many original sentences can you form from the following?

El conde	era	una persona culta.
El obispo	tenía	objetos de plata.
El buen hombre	quería prestar	sus objetos de arte.
El noble	quería pedir prestados	otros objetos.

EL PODER DE LA SUGESTION

Dos amigos viajaban juntos y llegaron una noche de verano a una ciudad. Como querían economizar tomaron en un hotel un cuarto que tenía sólo una cama ancha. Comieron en el restaurante, pero como estaban muy cansados subieron a su cuarto sin perder tiempo.

Hacía un calor horrible y el cuarto era pequeño con una sola ventana. Los dos amigos se acostaron, pero no podían dormir. Se movían de un lado a otro, conversaban, bebían agua, pero no podían dormirse.

—Dame su caja de fósforos[1] —dijo uno.

—¿Para qué los quieres? —preguntó el otro. —Están en el bolsillo de mí chaqueta[2] y no tengo ganas de levantarme.[3]

—Pues bien voy a levantarme yo para abrir la ventana. Creo que la dejamos cerrada. Por eso[4] hace tanto calor; no entra suficiente aire. No me puedo levantar en la obscuridad.

—Para eso no tiene que levantarse —replicó[6] el otro —ni te hacen falta[7] fósforos. Yo lo haré, pues sé exactamente donde está la ventana.[8]

Se levantó y a tientas[9] caminó por la habitación hasta llegar al lugar donde creía que estaba la ventana. Pero no podía abrirla. Hizo varios esfuerzos, mas la ventana no se abría.[10]

—¿Qué le pasará a esta ventana? Por más que hago,[11] no puedo abrirla. Voy a romper el cristal[12] y así tendremos aire.

—No hagas eso, que harás mucho ruido y se pondrá furiosa[13] la gente del hotel.

—Lo importante para mí es dormir y mañana pagamos el cristal.

Dicho y hecho.[14] Cogió uno de sus zapatos, dio un fuerte

---

1. una caja de fósforos *a box of matches*   2. la chaqueta *jacket*   3. No tengo ganas de levantarme. *I don't feel like getting up.*   4. Por eso *That is why*   5. hace tanto calor *it's so warm*   6. replicar *to reply*   7. ni te hacen falta *neither do you need*   8. sé donde está la ventana *I know where the window is*   9. a tientas *feeling one's way*   10. no se abría *didn't open*   11. Por más que hago *No matter what I do*   12. el cristal *window pane*   13. ponerse furioso *to become furious*   14. Dicho y hecho. *No sooner said than done.*

golpe al cristal el cual se rompió en mil pedazos. Todos cayeron sin hacer ruido sobre la alfombra[15] que cubría el piso.

—Ahora podremos dormir—y volvió a meterse en la cama. —Ya tenemos aire y no sentiremos tanto el fuerte calor que hace. Por lo menos[16] hay ventilación.

Poco rato después los dos amigos dormían profundamente.

¡Qué sorpresa recibieron al día siguiente! Cuando se levantaron los dos vieron que la ventana estaba cerrada y su cristal intacto. El hombre había roto con su zapato el espejo[17] que cubría la puerta de un gran armario.[18]

El poder de la sugestión había hecho dormir a los dos, creyendo que la ventana estaba abierta.

15. la alfombra *rug* 16. Por lo menos *At least* 17. el espejo *mirror, looking glass* 18. el armario *closet, wardrobe*

Preguntas

1. ¿Cuándo llegaron los dos amigos a la ciudad?
2. ¿Por qué subieron a su cuarto sin perder tiempo?
3. ¿Para qué quiere uno abrir la ventana?
4. ¿Qué hizo con uno de sus zapatos?
5. ¿Qué sorpresa recibieron los dos al día siguiente?

Useful Expressions:

(a) Ella tiene ganas de levantarse. *She feels like getting up.*
(b) Yo voy a levantarme. *I am going to get up.*
(c) ¿Qué le pasa a usted? *What is the matter with you?*
(d) Volví a meterme en la cama. *I went to bed again.*

ORAL EXERCISES

I. Word Study: Match the words to the left with their opposites on the right:

1.	subir	salir
2.	calor	acostarse
3.	pequeño	débil
4.	abrir	abierto
5.	llegar	encontrar
6.	mucho	frío
7.	levantarse	grande
8.	fuerte	bajar
9.	cerrado	cerrar
10.	perder	poco

II. Comprehension: Complete the unfinished sentences to the left with the proper part to the right:

1.	El cuarto tenía	hacía mucho calor.
2.	Uno de ellos	para abrir la ventana.
3.	Los dos amigos	no podían dormir.
4.	En el cuarto	quería abrir la ventana.
5.	Los dos hombres	sólo una ventana.
6.	Voy a levantarme	la ventana estaba abierta.
7.	Al día siguiente	llegaron al hotel.
8.	Ellos creyeron que	recibieron una sorpresa.

III. Practical Fluency Drills:

(a) Los dos no podían dormir.
   The two could not sleep.

              subir.
              hablar.
              beber.
              comer.
              caminar.

(b) Usted no tiene ganas de levantarse.
You don't feel like getting up.
El amigo
Yo
Ustedes
Nosotros
Los dos

IV. Sentence Tables:

Preguntas

¿Quién	está	entrando	en	el cuarto?
	están	hablando	con	su amigo?
¿Quiénes		caminando	por	la habitación?
		durmiendo		la cama?

Respuestas

Los dos	está	entrando	en	el cuarto.
Uno	están ·	hablando	con	el otro.
Nosotros	estamos	caminando	por	la habitación
El amigo		durmiendo		la cama.

How many original sentences can you form from the two Sentence Tables?

V. Memorize and dramatize:

Dialog

— ¿Dónde pasamos la noche?
—En este hotel moderno.
— ¿Tomamos una habitación?
—Sí, es una buena idea.

Series

Los dos entran en un hotel;
Pasan la noche allí;
Desayunan muy bien;
Pagan lo que deben.

PROBLEMA RESUELTO

Escena: Una cocina grande en una casa de un conde[1] castellano.

Personajes: El conde, el cocinero y el cochero.

El cocinero y el cochero disputan en la cocina.

Cocinero. —¿Por qué no va usted a buscar la leche todas las mañanas si quiere el desayuno temprano?

Cochero. —Porque yo no tengo nada que ver con[2] las cosas de comida.

Cocinero. —Usted es un gran perezoso.[3] Pasa toda la mañana allí sentado mientras que yo tengo tanto que hacer.[4]

Cochero. —Yo no tengo la culpa.[5] Usted es el cocinero y tiene que cocinar.[6] Yo soy sólo el cochero de la casa. No tengo nada que ver con la cocina.

Cocinero. —Le daré sin leche si quiere. Tengo tanto que hacer aquí que no tengo tiempo para ir a buscar la leche.

Cochero. —Yo tengo que tomar el desayuno como todos los otros empleados de la casa. Si usted no me da la leche con mi desayuno, hablaré con el señor conde.

Conde.—*Entrando* ¿Qué pasa aquí?[7] ¿Por qué tanto ruido? ¿Una disputa entre los dos?

Concinero. —Señor conde, el cochero quiere tomar leche con su desayuno y no quiere ir a buscarla. Yo tengo mucho que hacer por la mañana[8] a esa hora. El, en cambio,[9] pasa el tiempo sentado en el jardín sin hacer nada.[10]

Conde. —A ver,[11] ¿usted qué tiene que decir?

Cochero. —Señor conde, buscar la leche es un deber[12] del

---

1. el conde *count*   2. Yo no tengo nada que ver con *I've nothing to do with*   3. el perezoso *lazybones, sleepyhead*   4. tengo tanto que hacer *I've so much to do*   5. Yo no tengo la culpa. *It's not my fault.*   6. tiene que cocinar *have to cook*   7. ¿Qué pasa aquí? *What's the matter here?*   8. por la mañana *in the morning*   9. en cambio *on the other hand*   10. sin hacer nada *without doing anything*   11. A ver *Let's see*   12. el deber *duty, job*

cocinero. Yo tengo mis propios deberes.

Conde. — ¿Y cuáles son sus deberes?

Cochero. —Cuidar el coche y los caballos, darles de comer,[13] manejar[14] el coche . . .

Conde. —Muy bien. Aquí está la solución. De esta manera[15] ustedes quedarán satisfechos; cada uno hará solamente su propio trabajo. Escuchen bien. Usted como cocinero irá a buscar la leche todas las mañanas, pues ése es su deber. Usted como cochero, prepare el coche y lleve al cocinero todos los días a buscar la leche.

13. darles de comer *to feed them*   14. manejar *to drive*   15. De esta manera *In this way*

Preguntas

1. ¿Qué hacen el cocinero y el cochero en la cocina?
2. ¿Qué quiere el cochero todas las mañanas?
3. ¿Por qué no puede dar el cocinero el desayuno temprano?
4. ¿Quién da la solución del problema?
5. ¿Qué debe hacer el cochero todas las mañanas?

Useful Expressions:

(a) No tenemos nada que ver con eso.   *We have nothing to do with that.*

(b) El tiene tanto que hacer.   *He has so much to do.*

(c) Yo no tengo la culpa.   *It's not my fault.*

(d) ¿Qué pasa aquí?   *What is the matter here?*

ORAL EXERCISES

I. **Word Study:** (a) Give the English equivalent of the following words:

problema	hora
conde	coche
castellano	cochero
disputar	solución

40

pasar	manera
café	satisfecho
entrar	preparar

(b) Do you remember other words of the same kind?

II. Comprehension: Complete the following sentences:

1. El cocinero y el cochero disputan en ——.
2. El cocinero tiene que ——.
3. El cochero es un gran ——.
4. El pasa el tiempo sin hacer ——.
5. No quiere ir a buscar ——.
6. El conde entra cuando los dos ——.
7. Cada uno hará sólo su propio ——.
8. Con la solución del conde los dos quedarán ——.

III. Practical Fluency Drills:

(a) Yo no tengo la culpa.
   It's not my fault.
   El cocinero
   El conde
   Nosotros
   Usted
   Ellos

(b) Usted tiene que trabajar.
   You have to work.
                   entrar.
                   comer.
                   pasar.
                   vender.
                   pagar.

(c) ¿Qué hace el cocinero?
   What does the cook do?
              el profesor
              el estudiante
              el comprador
              el vendedor
              el cochero

(d) El cocinero cocina.
The cook cooks.
>> enseña.
>> estudia.
>> compra.
>> vende.
>> maneja.

IV. Substitution Table: How many original sentences can you recite from the following?

El	conde	toma	el	desayuno.
El	cocinero	(no) trabaja		mucho.
El	cochero	maneja	el	coche.
El	empleado	busca	la	leche.

SU METODO ESPECIAL

El señor don Celedonio Herrero García es uno de los millones que vive en nuestros días. ¡Pobre Celedonio! El alto costo de la vida le hacía casi imposible en ocasiones pagar las deudas.[1] El hombrecito[2] de don Celedonio atravesaba[3] por una de esas crisis. Cierta mañana tocó a la puerta un hombre gigantesco de más de seis pies de estatura. Era cobrador y su misión era la de lograr el pago[4] de una cuenta.

1. la deuda *debt* 2. el hombrecito *little man* 3. atravesar *to go through* 4. la de lograr el pago *that of being successful in collecting*

43

—¿El señor Celedonio Herrero García?

—Soy yo.[5] ¿En qué puedo servirle?[6] ¿Qué desea usted?

—Me envía la oficina de cobro.[7] Hace seis meses que[8] usted nos debe doscientos pesos.

—¿Y qué?[9]

—Y si no nos paga, no volveremos a darle crédito.[10]

—¿Y qué?

—Si usted no nos paga lo pondremos en la lista negra. En ese caso nadie volverá a venderle un artículo.

—¿Y qué?

—Lo demandaremos[11] y usted tendrá que pagar las costas.

—¿Y qué?

El cobrador de más de seis pies de estatura con peso de más de doscientas libras seguía discutiendo[12] y el hombrecito respondió siempre lo mismo. Por fin[13] el cobrador perdió la paciencia y le gritó:

—Señor Celedonio Herrero García, si usted no me paga ahora mismo,[14] le voy a dar una lección que no olvidará durante toda la vida.

—¿Y qué?

—Mire, señor, voy a serle muy franco porque no quiero perder más tiempo con usted. Si no me paga, le voy a hinchar los ojos,[15] le voy a aplastar[16] la nariz y lo dejaré con dos dientes. Además le voy a romper un brazo . . . y el cuello. No saldrá del hospital en menos de seis meses.

Y el hombrecito le explicó:

—Vamos, vamos. calma.[17] Haga todo eso si quiere, pero voy a explicarle mi método de pagar las cuentas. Todas las mañanas echo las cuentas en un sombrero y saco cinco, que son las que pago. Le prevengo[18] que si usted sigue gritando[19] así o si me pone un dedo encima, no echaré nunca su cuenta en el sombrero . . .

---

5. Soy yo. *It's I.* 6. ¿En qué puedo servirle? *What can I do for you?* 7. la oficina de cobro *collection agency* 8. Hace seis meses que *For the last six months* 9. ¿Y qué? *So what?* 10. no volveremos a darle crédito *We shall not extend you credit again* 11. demandar *to sue* 12. seguía discutiendo *continued arguing* 13. Por fin *At last* 14. ahora mismo *right now* 15. le voy a hinchar los ojos *I'm going to give you a black eye* 16. aplastar *to flatten* 17. Vamos, vamos, calma. *Come, come, take it easy.* 18. Le prevengo *I warn you* 19. si usted sigue gritando *if you continue shouting*

Preguntas

1. ¿Quien es Celedonio Herrero García?
2. ¿Quién tocó a la puerta cierta mañana?
3. ¿Cuál era su misión?
4. ¿Qué contestaba siempre don Celedonio al cobrador?
5. ¿Cómo pagaba sus cuentas?

Useful Expressions:

(a) No volveré a decirlo.	*I shan't say it again.*
(b) Hace un año que vivimos aquí.	*We have been living here a year.*
(c) El seguía hablando.	*He continued talking.*
(d) Ellos pagan ahora mismo.	*They are paying right now.*

I. Can you guess the English meaning of the following words?

millón	estatura
costo	misión
imposible	servir
ocasión	crédito
crisis	lista
cierto	franco
gigantesco	método

II. Comprehension: Are the following sentences true or false?

1. Para don Celedonio es imposible pagar todas las cuentas.
2. El cobrador no quiere ver al hombrecito.
3. Cierta mañana un hombre tocó a la puerta.
4. El hombrecito debe trescientos pesos.
5. Su método de pagar sus cuentas era original.
6. El cobrador perdió la paciencia.
7. El pobre Celedonio respondía siempre lo mismo.
8. El hombre gigantesco hace lo que dice.

III. Practical Fluency Drills:

(a) ¿Qué desea usted?   Deseo trabajar.
     What do you wish?   *I wish to work.*
                don Celedonio?   entrar.
                nosotros?   comer.
                ellos?   explicar.
                el cobrador?   escribir.
                el señor García?   dormir.

(b) Hace un año que vivo aquí.
     I've been living here a year.
                nosotros
                don Celedonio
                ustedes
                María
                nadie

(c) Siempre pago lo que debo.
     I always pay what I owe.
     Todos los días
     Todos los meses
     Todos los años
     Todas las semanas
     Todos los sábados

IV. Dialog

(a) — ¿Quién es usted?
     —Soy el cobrador de . . .
     — ¿Qué quiere usted?
     —Quiero ser pagado.

Series

(b) El cobrador toca a la puerta.
     La puerta se abre.
     El cobrador habla con don Celedonio.
     El va a cobrar la cuenta.

Now use the series with the subject: yo, usted, nosotros.

EL REGALO

Escena: Una calle de una ciudad grande.
Personajes: Una joven hermosa y un joven elegante.

El. —Señorita . . . Señorita . . .

Ella. —¿A mí me habla?

El. —Sí, señorita, perdóneme . . .

Ella. —Le ruego que no insista.[1]

El. —Señorita, yo quiero . . .

Ella. —¡Qué indiscreto es usted! [2]

El. —No se vaya,[3] señorita . . .

Ella. —Entonces deje de seguirme.[4] ¡Con permiso! [5]

El. —Por favor[6] no corra usted . . .

Ella. —¡Esto ya es mala educación! [7]

El. —Le aseguro que . . .

Ella. —¡Qué impertinente es usted!

El. —Yo quiero decirle que . . .

Ella. —¡Ya lo he visto bastante! Voy a llamar un policía. ¿Por qué no me deja en paz? [8] ¡Qué disgusto! [9]

Ruido de Bocina.[10]

El. —¡Cuidado,[11] señorita, ese conductor[12] bruto va a atropellarla! [13]

Ella. —¡Qué susto! [14] ¡Y todo por culpa suya! [15]

El. —No camine usted tan ligero, por favor . . .

---

1. Le ruego que no insista. *I beg you not to insist.* 2. ¡Qué indiscreto es usted! *How indiscreet you are!* 3. No se vaya. *Don't go away.* 4. deje de seguirme *stop following me* 5. ¡Con permiso! *Excuse me!* 6. Por favor *Please* 7. mala educación *bad breeding* 8. ¿Por qué no me deja en paz? *Why don't you leave me alone?* 9. ¡Qué disgusto! *How annoying!* 10. Ruido de bocina *Noise of an automobile horn* 11. Cuidado *Look out* 12. el conductor *driver* 13. va a atropellarla *is going to run you over* 14. ¡Qué susto! *What a fright!* 15. ¡Y todo por culpa suya! *And it's all your fault!*

Ella. —Mire, muy señor mío.[16] A mí no me gusta andar acompañada por desconocidos.[17] Le ruego . . .

El. —Entonces me presento: Manuel Miranda, futuro abogado . . .

Ella. —Con razón es usted tenaz e insistente . . .

El. —Yo quiero decirle que . . .

Ella. —Otra vez[18] Abra usted bien los ojos. ¿Ha mirado usted mi mano izquierda? ¿No ve que soy casada?

El. —Yo también, señora. Pero no es eso lo que quiero decirle . . .

—Ella. ¿Insiste usted? ¡Qué insolencia! ¿Y dice usted que estudia leyes? ¡Cortejar[19] a una mujer y casada, así en pleno día! [20] ¡Es usted un insolente! ¡Márchese! [21]

El. —No antes de decirle, mi estimada señora, que en la pastelería donde le sirvieron un helado, ha dejado olvidado,[22] atado a una silla, a su pequeño pekinés . . .

Ella. — ¡Dios Santo! [23] ¡Y es el regalo que llevaba a mi marido! ¡Hoy cumplimos un año de casados! [24]

---

16. muy señor mío *my dear sir* 17. el desconocido *stranger* 18. otra vez *again* 19. cortejar *to woo, flirt* 20. en pleno día *in broad daylight* 21. ¡Márchese! *Go away!* 22. ha dejado olvidado *you forgot* 23. ¡Dios santo! *Good heavens!* 24. Hoy cumplimos un año de casados. *This is our first wedding anniversary.*

Preguntas

1. ¿Quiénes son los dos personajes?
2. ¿Por qué quiere ella llamar un policía?
3. ¿Cómo se llama el futuro abogado?
4. ¿Por qué lo llama ella insolente?
5. ¿Qué regalo dejó olvidado en la pastelería?

Useful Expressions:

(a) ¡Qué insolente es usted! *How rude you are!*
(b) No quiero ser acompañada *I don't want your company.*
    por usted.
(c) ¡Señorita, cuidado! *Miss, be careful!*
(d) Voy a verlo otra vez. *I'm going to see you again.*
(e) ¡Déjeme en paz! *Leave me alone!*

ORAL EXERCISES

I. Match the following words of like meaning:

1. grande	desear
2. hermoso	torpe
3. regalo	enorme
4. querer	mas
5. pequeño	agente
6. bastante	bello
7. pero	presente
8. caminar	chico
9. bruto	suficiente
10. policía	andar

II. Comprehension: Rearrange the words to make sentences which are related to the story.

> *Model* – un, a, policía, voy, llamar.
> Voy a llamar un policía.

1. en, escena, calle, ocurre, una, la.
2. es, señor, indiscreto, que, usted.
3. por, no, usted, qué, paz, deja, en, me.
4. ligero, usted, no, tan, camine.
5. dejado, usted, pekinés, olvidado, ha, su.

III. Practical Fluency Drills:

(a) ¡Qué impertinente es usted!
    How impertinent you are!
        insistente
        insolente
        hermosa
        bruto
        pequeño

49

(b) Quiero decirle algo.
   I want to tell you something.
      darle
      prestarle
      leerle
      venderle
      preguntarle

(c) Yo quiero venderle algo.
   I want to sell you something.

   Change the subject to:
   María, nosotros, ellos, usted, la familia

IV. (a) Series

Una señorita anda por la calle.
Un joven elegante la sigue.
Quiere decirle algo, pero no puede.
La señorita olvida a su pekinés en la pastelería.

(b) Dialog

—Señorita, quiero decirle . . .
—¿A mí me habla?
—Sí señorita, no se vaya . . .
—¿Por qué no deja de seguirme?
—Porque tengo que decirle algo importante.

EL HOMBRE

Un tigre que no podía moverse, se quejaba amargamente al pie de un monte, cuando pasó un toro fuerte.

—¿Qué te ocurre,[1] tigre hermano? —le dijo el toro.

—El hombre me agarró[2] en una trampa[3] con las dos manos. Además me dio una paliza[4] terrible con un palo[5] y después me dejó en este deplorable estado. Ya ves cómo me encuentro.

—Y ¿qué clase de animal es ése? —le preguntó el curioso toro.

—Es como el mono[6] pero mucho más inteligente y bien atractivo. Ninguno de nosotros, ni tú ni yo, le podemos hacer nada. El se vale de[7] cientos de cosas que no están a nuestro alcance.[8]

—Yo quiero probar —rugió[9] el toro.

—No te aconsejo, hermano; el hombre es terrible.

—¿Es aquél? —exclamó el toro, señalando a un muchacho que cruzaba el camino.

—No, ése lo será algún día.

Al poco rato[10] vieron a un viejo.

—¿Es ése?

—No, ése ya lo ha sido.

La ansiedad[11] del toro no tenía límites.

De repente[12] le dijo el tigre:

—¡Allá va el hombre! [13]

Oír esto y salir a todo escape[14] fue una sola cosa[15] para el valeroso toro. Levantó un gran polvo. El hombre se puso en guardia:[16] desmontó[17] de su caballo, lazó[18] al furioso toro y le pegó valerosamente. Después silbando,[19] tranquilamente volvió a montar a su caballo, y se alejó[20] del lugar.

—Tiene razón el tigre,[21] no se puede con el hombre.[22]

---

1. ¿Qué te ocurre? *What's the matter with you?*   2. agarrar *to catch*   3. la trampa *trap*   4. la paliza *beating*   5. el palo *club*   6. el mono *monkey*   7. valerse de *to take advantage of, use*   8. el alcance *reach*   9. rugir *to roar*   10. Al poco rato *In a short time*   11. la ansiedad *anxiety*   12. De repente *Suddenly*   13. Allá va el hombre *There goes man*   14. a todo escape *at full speed*   15. una sola cosa *one and the same thing*   16. se puso en guardia *got ready*   17. desmontó *dismounted*   18. lazó *lassoed*   19. silbar *to whistle*   20. se alejó *withdrew*   21. Tiene razón el tigre *The tiger is right*   22. no puede con el hombre *you can't beat man*

Preguntas

1. ¿Qué preguntó el toro al tigre?
2. ¿Qué hizo el hombre al tigre?
3. ¿Qué clase de animal es el hombre?
4. ¿Cómo dominó al toro el hombre?
5. ¿Qué piensa el toro del hombre?

Useful Expressions:

(a) ¿Qué le ocurre? *What is the matter with you?*
(b) ¿Qué clase de animal es él? *What kind of animal is he?*
(c) El se vale de muchas cosas. *He makes use of many things.*
(d) Volvió a montar a su caballo. *Again he got on his horse.*
(e) Tiene razón el tigre. *The tiger is right.*

ORAL EXERCISES

I. Word Study: What English words can you guess from the following?

monte	atractivo
pasar	terrible
ocurrir	exclamar
tigre	ansiedad
deplorable	límite
curioso	valeroso
mucho	desmontar
inteligente	furioso

II. Comprehension: Complete the following sentences:

1. El tigre estaba al pie ——.
2. El toro le dijo: ¿qué te ——?
3. ¿Qué clase de animal es ——?
4. El hombre es como el mono pero ——.

5. Nosotros no le podemos ——.
6. Los dos animales vieron ——.
7. El hombre se puso ——.
8. El desmontó del ——.

III. Practical Fluency Drills:

(a) ¿Qué clase de animal es ?
   What kind of animal is it?
   cosa
   hombre
   camino
   día
   viejo

(b) El es más inteligente que yo.
   He is more intelligent than I.
   fuerte
   atractivo
   terrible
   curioso
   joven

(c) ¿Puede prestarme su copa?
   Can you lend me your cup?
   diccionario?
   periódico (*newspaper*)?
   revista (*magazine*)?
   cuaderno (*notebook*)?
   notas?

(d) No diga eso al conde.
   Don't say that to the count.
   hombre.
   señorita.
   obispo.
   amo.
   señores.

IV. Verbs:

Present:

¿Qué hace usted hoy?   Trabajo como siempre.

Past:

¿A quién vio ayer?   Vi a mi amigo.

Future:

¿Cuándo saldrá mañana?   Saldré a las ocho.

V. Sentence Tables:

(a)

Yo	veo	la	copa.
	admiro	los	objetos.
	presto	el	tigre.
	poseo	la	colección.

I	see	the	cup.
I	admire	the	objects.
I	lend	the	tiger.
I	own	the	collection.

(b)

Usted	ve	la	copa.
El	admira	los	objetos.
Ella	presta	el	libro.
	posee		colección.

(c)

Nosotros	vemos	la	copa.
Usted y yo	admiramos	los	objetos.
	prestamos	el	libro.
	poseemos		colección.

How many original sentences can you form from the three Sentence Tables?

EL CUENTO DE NUNCA ACABAR[1]

Había una vez[2] un rey que ofreció la mano de su hija, la princesa, y su reino[3] al hombre capaz de contarle un cuento de nunca acabar. Muchos hombres trataron de ganarse la mano de la princesa y el reino contando cuentos. Todos fracasaron[4] y el rey mandó cortarles la cabeza.

Al fin,[5] se presentó un hombre que comenzó su cuento de esta manera:[6]

—¡Oh rey! Había una vez un gran tirano[7] que mandó construir un inmenso granero[8] alto como una montaña. En él metió la cosecha[9] de tres años. Una vez lleno,[10] invadieron el país muchas langostas;[11] destruyeron todo el trigo[12] del reino y llegaron también al granero del rey. Pero sólo pudieron entrar en él por un agujero[13] que por descuido[14] habían dejado abierto los albañiles.[15] La primera de las langostas entró por el agujero y salió luego llevándose un grano de trigo. Entró la segunda, y al salir se llevó otro grano de trigo. Entró una tercera, y se llevó otro grano de trigo . . .

Así el cuentista[16] repitía siempre lo mismo, hasta que, al fin, el rey le interrumpió diciendo:

—Quiero saber lo que pasó cuando todo el trigo hubo desaparecido.

—¡Perdone, señor! pero todavía no estamos en ese momento —respondió el hombre. —No puedo contar la segunda parte del cuento antes de terminar la primera. Y entró una novena langosta, y se llevó otro grano de trigo. Entró una décima y se llevó otro grano de trigo, y luego otra más[17] y se llevó otro grano de trigo . . .

---

1. de nunca acabar *without end* 2. Había una vez *Once upon a time* 3. el reino *kingdom* 4. fracasar *to fail* 5. Al fin *At last* 6. de esta manera *in this manner* 7. el tirano *tyrant* 8. el granero *granary* 9. la cosecha *crop, harvest* 10. Una vez lleno *When it was full* 11. la langosta *locust* 12. el trigo *wheat* 13. el agujero *hole* 14. por descuido *through carelessness* 15. el albañil *mason* 16. el cuéntista *story teller* 17. otra más *one more*

Continuó de esta manera el cuento, interrumpiéndose sólo para comer y dormir. El rey se echó también a dormir, preguntando a veces,[18] al despertar:

—¿Todavía se están llevando el grano?

Al oír al hombre repitiendo:

—Y ... entonces otra se llevó otro grano de trigo —volvió a caer dormido.[19] Al cabo de seis meses el rey preguntó:

—¿Cuánto tiempo va a durar esta parte de tu cuento, amigo?

—Oh rey, no se sabe,[20] — contestó el hombre. —Gran parte del granero está todavía llena. Con el tiempo, seguramente, las langostas van a llevarse todo el trigo. Tenga el rey paciencia.[21] Y entonces otra langosta entró y se llevó un grano, y entró luego otra y se llevó otro grano ...

El rey empezó a preguntarse:

—¿Voy a vivir bastantes años para oír todo el cuento?

Lanzó un profundo suspiro[22] el rey. Al fin acabó por caer dormido, para no oír nada más del interminable cuento.

Pasaron semanas y meses, pasó un año, y todavía las langostas se llevaron el trigo grano a grano. En vista de esto, el rey interrumpió un día a su cuentista:

—Amigo, cumpliste tu promesa. Tu cuento es interminable. No quiero saber lo que le ocurrió a la langosta a quién le toca entrar ahora en el granero. Quédate con[23] mi hija y mi reino. Déjame en paz y no vuelvas a decir[24] una sola palabra de las langostas ni los granos de trigo.

Y así quedó interrumpido el cuento de nunca acabar.

---

18. a veces *at times*   19. volvío a caer dormido *fell asleep again*   20. no se sabe *nobody knows*   21. Tenga el rey paciencia. *Let the king have patience.*   22. Lanzó un profundo suspiro *He heaved a deep sigh*   23. Quédate con *Keep*   24. no vuelvas a decir *don't repeat*

Preguntas

1. ¿Qué ofreció el rey?
2. ¿Quién se presentó?
3. ¿Qué animales invadieron el país?
4. ¿Por qué interrumpió el rey al cuentista?
5. ¿Qué ganó el cuentista con su cuento?

Useful Expressions:

(a) Todos trataron de ganarse el reino.	*All tried to win the kingdom.*
(b) ¿A quién toca entrar?	*Whose turn is it to enter?*
(c) Había una vez un tirano.	*There was once a tyrant.*
(d) Este es el cuento de nunca acabar.	*This is the story without end.*
(e) El rey se echó a dormir.	*The king fell asleep.*

ORAL EXERCISES

I. **Word Study:** Look up some of the words you do not understand in a Spanish-English dictionary.

1. rey, reina, reinar, reino
2. cuento, cuentista, cuentecito
3. hombre, hombrecito, hombrón
4. entrar, entrada, entrante
5. paso, pasar, pasaje, pasajero

II. **Comprehension:** Summarize the story by rearranging the following sentences:

1. El cuento duró semanas, meses y muchos años.
2. Se presentaron muchos hombres.
3. Un rey vivía sin hacer nada.
4. Ofreció la mano de la princesa al cuentista.
5. Al fin el cuento quedó interminable.
6. También se ganó el cuentista el reino.
7. El rey quería oír un cuento de nunca acabar.
8. El cuentista se ganó la mano de la princesa.

III. Practical Fluency Exercises:

(a) Había una vez un rey.
   Once upon a time there was a king.
   una princesa.
   un príncipe.
   un cuentista.
   un tirano.
   una señorita.

(b) Traté de hablar.
   I tried to speak.
   Nosotros
   Ellos
   Usted
   El señor
   Usted y yo

IV. Verbs:

Present: ahora
   ¿Con quién habla usted?   Hablo con Pedro.
   ¿A quién está preguntando?   Estoy preguntando a Pedro.

Past: ayer
   ¿Qué cuento contó al rey?   Contó el cuento de nunca acabar
   ¿Le ha gustado el cuento?   Sí, a mí me ha gustado.

Future: mañana
   ¿Leerá usted otros cuentos?   Sí, leeré algunos más.
   ¿Qué más hará?   Haré otras cosas.

V. Series

(a) Change the subject to: usted, nosotros, Luis.

   Tomo un libro de cuentos.
   Lo abro.
   Leo una página.
   Cierro el libro.
   Lo pongo sobre la mesa.

(b) Dialog

    —Présteme un libro de cuentos.

    —¿Qué quiere hacer?

    —Quiero leer algo interesante.

    —Aquí tiene un libro de cuentos fáciles.

EL PADRE, EL HIJO Y EL BURRO

Un padre anciano[1] y su hijo van al mercado[2] a vender su burro. En el camino encuentran unas mujeres.

— ¡Burros son los tres! —dice una. —En vez de ir montados van a pie.

El padre dice al hijo:

—Tiene razón[3] la mujer; monta en el burro.

Más tarde[4] encuentran unos campesinos[5] y dice uno:

— ¡Qué hijo cruel! Un muchacho fuerte y robusto va en el burro y su pobre padre anciano a pie. No hay justicia.

El muchacho dice a su padre:

—Tiene razón el hombre; suba usted, padre. Yo iré a pie.

Monta el viejo y el muchacho sigue a pie. Poco después[6] encuentran un viajero.

— ¡Qué padre más cruel! [7] —dice éste. —No tiene corazón. El padre anda muy cómodo[8] en el burro y el pobre muchacho tiene que seguirle a pie. ¡Qué mundo curioso es éste!

—Tiene razón —dice el padre; —monta tú también.

Están a punto de[9] llegar al mercado cuando pasa otro y al ver[10] los dos montados en el burro dice:

— ¡Qué crueles son los dos! —¿Cómo pueden ir montados dos personas en un animal tan pequeño? ¿Cómo va el pobre burro a soportarlos? Los dos siendo tan fuertes, deberían llevar al animal.

—Padre, tiene muchísima razón[11] el hombre —dice el hijo al padre.

Los dos bajan atan las patas[12] del burro, y lo llevan al mercado con palo[13] entre ellos.

Todos se ríen al verlos pasar así. Y al atravesar[14] un puente,[15] el burro trata de soltarse[16] con tal esfuerzo que cae al agua y se ahoga.

---

1. anciano *old*   2. el mercado *market*   3. tener razón *to be right*   4. Más tarde *later*   5. el campesino *farmer*   6. Poco después *A little later*   7. ¡Qué padre más cruel! *What a very cruel father!*   8. cómodo *comfortable*   9. Están a punto de *They are about to*   10. al ver *on seeing*   11. tiene muchísima razón *is quite right*   12. atan las patas *tie the legs*   13. el palo *pole*   14. atravesar *to cross*   15. el puente *bridge*   16. soltarse *to get loose*

— ¡Bien lo merezco! [17] — dice el padre al hijo. —Como trato de agradar a todos no sólo no to he hecho, sino que también he perdido el burro.

17. ¡Bien lo merezco! *Indeed it serves me right!*

Preguntas

1. ¿A dónde van el padre y el hijo?
2. ¿Para qué van al mercado?
3. ¿Qué dicen las diferentes personas?
4. ¿Cuándo perdió el burro el padre?
5. ¿Qué trató de hacer el padre?

Useful Expressions:

(a) Padre e hijo van allá a pie.   *Father and son go there on foot.*

(b) Señor, tiene muchísima razón.   *Sir, you are quite right.*

(c) ¡Qué mundo curioso es éste!   *What a queer world this is!*

(d) No podemos agradar a todos.   *We can't please everybody.*

(e) ¡Bien merezco todo eso!   *I indeed deserve all that!*

I. Word Study: Match the following words:

(a) Opposites

fuerte	joven
vender	rico
anciano	débil
tarde	comprar
pobre	salir
llegar	temprano

(b) Same meaning

andar	papá
llevar	individuo
persona	solamente
padre	poseer
sólo	caminar
tener	traer

(c) What English words can you guess from the following?

encontrar	curioso
montar	pasar
anciano	mercado
justicia	encontrar

II. Comprehension: Are the following sentences true or false?

1. El padre y su hijo venden el burro.
2. El muchacho es fuerte y su padre es débil.
3. Los dos iban montados en el burro.
4. Padre e hijo creen que las personas tienen razón.
5. No todos dicen algo contra los dos.
6. El hijo dice a su padre: —No suba.
7. Todos se ríen al verlos pasar.
8. El burro cae al agua y se ahoga.

III. Practical Fluency Drills:

(a) Sus hijos son fuertes.
   His sons are strong.
   buenos.
   crueles.
   malos.
   ricos.
   obedientes.

(b) Compro un burro.
   I buy a donkey.
   Presto
   Vendo
   Tengo
   Pago
   Recibo

(c) Use the following subjects with the sentences below:

Tengo que seguirle a pie.

1. Nosotros   2. Ustedes   3. Usted   4. El señor
5. Alguien   6. Usted y yo

(d) ¿Trata usted de agradar a todos?

1. Yo   2. Elena   3. Nosotros   4. José y yo
5. Ana

IV. Series

Vamos al mercado.
Deseamos vender un burro y comprar otro.
Compramos uno.
Lo llevamos a casa.

Dialog

– ¿Qué desean ustedes?
–Queremos comprar un burro.
– ¿Les gusta éste?
–No, queremos otro mejor.

UN MOMENTO CRITICO

Hay en las selvas[1] unos animales muy parecidos a los gatos y que gustan de[2] alimentarse solamente con carne viva.

El más terrible de esos animales que hay en las tierras calientes americanas es el tigre. Verdaderamente es el jaguar, porque los tigres son de países muy lejanos.

Los jaguares o tigres americanos atacan a todos los animales pequeños. Cuando están hambrientos[3] no temen atacar a los toros y aun al hombre mismo.[4]

Una vez se encontraba un caminante[5] al pie de un árbol descansando. Junto a él estaban dos perros. Sobre el tronco del árbol se veía un gran machete.[6]

De repente[7] ladran[8] sus perros y se levantan corriendo. El caminante asombrado, distinguió en la espesura[9] del bosque a un gigantesco jaguar. Cogió su machete, pero luego lo arrojó, creyendo inútil la lucha.

Junto al árbol grande había otro más pequeño. Con al prontitud[10] que le permitieron sus piernas corrió hacia él y se puso a subir. Apenas era tiempo, pues el tigre, detenido un momento por los perros, ya estaba cerca. El hombre cogió una rama, subió las piernas y se balanceó[11] y logró sentarse en ella.

En ese instante llegaba la fiera[12] dando un salto gigantesco y lanzando un rugido espantoso.[13] Viendo al hombre en el árbol, trató de subir. No pudo porque el tronco era demasiado delgado.[14] El tigre se enfureció[15] y comenzó a arañar[16] y a morder[17] la madera. La corteza[18] y las astillas[19] saltaban con

---

1. la selva *forest, woods* 2. gustar de *to like* 3. hambriento *hungry* 4. el hombre mismo *man himself* 5. el caminante *traveler* 6. el machete *heavy knife used as a tool and weapon* 7. De repente *All of a sudden* 8. ladrar *to bark* 9. la espesura *thickness* 10. la prontitud *speed* 11. balancearse *to balance oneself* 12. la fiera *wild beast* 13. lanzando un rugido espantoso *uttering a frightful roar* 14. delgado *thin, weak* 15. enfurecerse *to become enraged* 16. arañar *to claw* 17. morder *to bite* 18. la corteza *bark* 19. la estilla *chip, splinter*

violencia. Otras veces se abrazaba al tronco pretendiendo derribar[20] el árbol. Y al oír a los perros ladrar, se lanzó[21] sobre ellos y les clavó las garras.[22] Mató a uno e hizo huir al otro, que se alejó muy mal herido.

El tigre entonces resolvió esperar . . . Se sentó enfrente, con la vista fija en el caminante.

Así estuvieron los dos, el tigre abajo y el caminante arriba, hasta la venida de la noche.

Cuando ameneció, el tigre había desaparecido.

Entonces bajó el caminante. Cogiendo su machete, se alejó de allí presuroso.[23] Pero volvió la cara de vez en cuando,[24] como si le persiguiera la fiera.[25]

---

20. derribar *to tear down, wreck*   21. se lanzó *rushed*   22. les clavó las garras *dug its claws in them*   23. presuroso *quick, speedy*   24. de vez en cuando *from time to time*   25. como si le persiguiera la fiera *as if the beast pursued him*

Preguntas

1. ¿A quiénes atacan los jaguares?
2. ¿Dónde se encontraba el caminante?
3. ¿Qué hizo sin perder tiempo?
4. ¿Qué trató de hacer la fiera?
5. ¿Cuándo desapareció el jaguar?

Useful Expressions:

(a) El caminante logró sentarse allí. — *The traveler succeeded in sitting there.*

(b) Comenzó a correr. — *He began to run.*

(c) Lo vemos de vez en cuando. — *We see him from time to time.*

(d) El trató de hacer mucho. — *He tried to do a great deal.*

(e) Nos alejamos de allí. — *We went away from there.*

I. **Word Study:** Each line of the following words are related. Do you know some of their meaning? Look up some of the words you don't know in a Spanish-English dictionary.

1. lejos, lejano, alejarse
2. sentar, sentarse, sentado, asiento
3. verdad, verdadero, verdaderamente
4. saltar, salto, saltante
5. oír, oído, oíble, oyente
6. descansar, descanso, descansado

II. **Comprehension:** Complete the following sentences:

1. No gustamos de comer ——.
2. Los tigres americanos atacan a ——.
3. Un caminante descansaba al ——.
4. El pobre hombre subió al ——.
5. La fiera mató a ——.
6. En las tierras calientes hay ——.
7. Junto al árbol grande había ——.
8. En los trópicos el animal más terrible e, ——.

III. **Practical Fluency Drills:**

(a) De repente se lavantó.
    He suddenly got up.
             se alejó.
                corrió.
                volvió.
                comprendió.
                contestó.

(b) Volví a ver eso.
    I again saw that.
    Ellos
    Todos
    Juan y María
    Nosotros
    Usted

68

(c) ¿Cómo se llama el hombre?   Se llama Pedro.
   What is the man's name?   *His name is Peter.*
                    el país?   el jaguar.
                    el animal?   España.
                    la ciudad?   Madrid.
                    el muchacho?   José.
                    la muchacha?   Lola.

IV. Sentence Table

(a) How many original sentences can you form from the following?

Nosotros	estamos	esperando	la hora
Ellos	están	escribiendo	una carta
Usted	está	leyendo	un cuento
Yo	estoy	tocando	el piano

(b) Give the negative and question forms.

V. (a) Dialog

   —Dígame ¿a dónde va hoy?
   —Voy al campo.
   — ¿Para qué?
   —Para descansar un poco.

(b) Series

   Quiero salir de la ciudad.
   Voy a pasar un día en el campo.
   Estoy muy cansado.
   Vuelvo al día siguiente.

1. Vale más una sola cosa buena que muchas medianas.

One good thing is worth more than many mediocre ones.

Pérez Galdós

2. En Dios confía quien adora la verdad.

He who loves truth, trusts God.

Pérez Galdós

3. Pues que todo pasa, gocémoslo todo mientras vive.

Since everything passes away, let us enjoy everything while it lasts.

Martínez Sierra

4. El día es para trabajar, por eso hay luz.

The day is for work, that is why there is light.

Tomayo y Baus

5. Dios no hace las cosas a medias.

God doesn't do things in halves.

José Mármol

6. Cada uno es como Dios le ha criado.

Each one is as God has created him.

Pedro de Alarcón

7. Las frutas se comen. Las flores se huelen, nada más.

Fruit is eaten. One just smells flowers.

Los Quintero

8. El trabajo es buen compañero de la esperanza.

Work is a good companion of hope.

Martínez Sierra

9. ¡Mira las estrellas! Cuentan cuentos dulces las estrellas y hacen compañía.

Look at the stars! They tell charming tales and keep one company.

Martínez Sierra

UN POCO DE GRAMATICA

Siempre recordamos la singular figura de nuestro viejo profesor de gramática, don Emilio Llano Rodríguez. Celoso defensor de la pureza del lenguaje, no podía sufrir errores gramaticales de ninguna clase. La gramática era su único tema¹ de conversación. Su manía llegó a tal extremo que se cambió el nombre por otro menos vulgar,² como decía él, don Emilio del Llano y Rodríguez.

Siempre le veíamos llegar a la escuela con un gran libro bajo el brazo.

—Buen día, don Emilio —le decía el portero³ al entrar.

—Buenos días, José . . . y fíjate cómo⁴ lo he dicho — contestaba el profesor, mirándole lleno de satisfacción.

En sus clases repetía sus explicaciones una y mil veces. A menudo,⁵ se perdía en largos discursos sobre complementos, cláusulas dependientes y predicados.⁶ Terminaba al fin creyendo que había traído, él solo, la luz a la especie humana. Al preguntar la lección al día siguiente, los resultados eran desastrosos. Nadie le había prestado atención.⁷ Miraba a unos y a otros conteniendo su ira:⁸

—Pues, señores, esto es perder el tiempo. ¡Sois unos borricos!⁹

Un día vimos que se acercaba a un campesino.¹⁰ Era su costumbre dar lecciones de gramática a todos los infelices que encontraba por las calles.¹¹

—¿Cómo está usted, amigo Pérez? ¿A qué debo la buena fortuna de verle por aquí?¹²

—Es porque voy para Sevilla—dijo el campesino.

—Mal dicho.¹³ Debe usted decir: Voy a Sevilla.

Y para disimular¹⁴ su excesiva franqueza:¹⁵

---

1. el tema *subject, theme* 2. vulgar *common* 3. el portero *doorman* 4. fíjate cómo *notice how* 5. A menudo *frequently* 6. complementos, cláusulas dependientes y predicados *objects, dependent clauses and predicates* 7. prestar atención *to pay attention* 8. la ira *anger, wrath* 9. ¡Sois unos borricos! *What stupid fellows you are!* 10. el campesino *farmer* 11. por las calles *on the streets* 12. por aquí *around here* 13. Mal dicho. *Incorrect.* 14. disimular *to hide, conceal* 15. la franqueza *frankness*

What negotiation he carried to there?
—¿Qué negocios le llevan a usted allá?
going to buy a donkey for my father
—Voy a comprar burros a mi padre.
Incorrect. He should say for my father
—Mal dicho. Debió usted decir: para mi padre.
The country he stayed thoughtful *believed that*
El campesino se quedó pensativo.[16] Don Emilio creyó que
he had offended and in voice *he said*
le había ofendido y, en voz conciliadora, le dijo:
Dear sir *my observations don't he had disturbed*
—Señor, mío,[17] mis observaciones no le han molestado,
¿verdad? [18] *Isn't it true*
He was only thinking if he should say
—No, señor. Estaba sólo pensando si debía decirle: ¡Váyase
usted al diablo o para el diablo!

16. pensativo *thoughtful*   17. Señor mío *Dear sir*   18. ¿Verdad? = no es
verdad *Isn't it true?*

Preguntas

1. ¿De qué hablaba siempre el viejo profesor?
2. ¿Con qué llegaba a la escuela?
3. ¿Cuántas veces repetía sus explicaciones?
4. ¿A quiénes daba lecciones de gramática?
5. ¿Por qué se quedó pensativo el campesino?

Useful Expressions:

(a) A menudo lo vemos entrar. *We often see him enter.*
(b) Llego a la escuela temprano. *I arrive at school early.*
(c) Nadie prestaba atención. *Nobody paid attention.*
(d) Debe usted decir eso. *You ought to say that.*
(e) Ella dirá esto ¿verdad? *She will say this, will she not?*

ORAL EXERCISES

I. **Word Study:** The following words are related. Look up the words you don't know in a Spanish-English dictionary.

1. libro, librero, librería
2. defender, defensa, defensor
3. pregunta, preguntar, preguntón
4. molestar, molestia, molesto
5. cerca, cerca de, cercano
6. comprar, compra, comprador

72

II. Comprehension: Rearrange the words to make sentences which are related to the story.

1. maestro, siempre, a, profesor, recordamos
2. tema, conversación, el, gramática, era, de, la, su.
3. libro, con veíamos, gran, lo, llegar, un.
4. portero, satisfacción, miraba, al, lleno, de, él.
5. clases, sus, repetía, explicaciónes, las, a, él.
6. de, todos, daba, el, lecciones, a, gramática, profesor.

III. Practical Fluency Drills:

Verbs

Present:

¿Cuándo estudia usted?	Estudio cuando tengo tiempo.
¿Qué está estudiando?	Estoy estudiando la lección.

Past:

¿Qué estudió usted ayer?	Estudié inglés y español.
¿Qué ha estudiado hoy?	He estudiado algo importante.

Future:

¿Estudiará usted mañana?	Mañana estudiaré el diálogo.
¿Va a estudiar hoy?	Voy a estudiar la serie.

Imperative:

Estudie usted este libro.	No estudie el otro.

IV. (a) Dialog

—¿Va usted a la escuela?
—Sí, claro.
¿Le gusta ir allá?
—Sí, soy un buen estudiente.

(b) Series

Don Emilio va a la escuela.
Llega a la escuela.
Entra en su clase.
Dice: Buenos días, señores.
La clase responde: Buenos días, señor.

Página[1] cómica

Siempre me acuerdo del cuento del asno[2] que me contó usted el año pasado.
—¿Le gustó tanto?
—Muchísimo. Desde entonces no puedo ver un burro[2] sin acordarme de usted.

— ¡Hombre! ¿Va de caza[3] sin perro?
— ¡Sí, porque siempre que llevo perro, vuelvo sin él!
—¿Lo pierde?
—No, lo mato.

—Mamá, el termómetro ha bajado.
— ¿Cuánto, Pepito?
—Tres pisos. Se me cayó del balcón[4] a la calle.

Un soldado[5] se presenta al sargento de cocina[6] y le dice:
—Mi sargento, la sopa[7] tiene tierra.
—Bien, ¿y qué? [8] Usted, ¿a qué ha vendido: a quejarse o a servir a la patria? [9]
—A servirla, mi sargento; pero no a comérmela.[10]

El. —Soy un gran admirador suyo . . . He visto todas sus películas.[11]
Ella. — ¡Ah! , ¿sí? ¿Las veinte?
El. —Las veinte.
Ella. — ¡Qué extraño! Yo sólo he hecho diez.
El (*sin turbarse*[12]). —Es que . . . he visto dos veces cada una.

---

1. la página *page*   2. el asno = el burro *donkey*   3. ¿Va de caza? *Do you go hunting?*   4. Se me cayó del balcón *I dropped it from the balcony*   5. el soldado *soldier*   6. la cocina *kitchen*   7. la sopa *soup*   8. ¿y qué *so what?*   9. la patria *country*   10. comérmela *to eat it*   11. la película *film, picture*   12. tubarse *to get excited*

EL TIO CIRILO

El tío Cirilo era un aragonés[1] de muchas palabras y de poca inteligencia. Su mujer trabajaba en casa[2] y ganaba algunas pesetas ciudando del cuarto y de la ropa del capitán González. Este había venido recientemente a vivir con ellos. Cirilo no tenía nada que hacer, excepto tomar el sol[3] y charlar[4] con el capitán para tenerle satisfecho.[5]

Una mañana, el aragonés llegó con la noticia de que había ratones[6] en su casa. Se dirigió a González para resolver lo que debía hacer.

—Mi capitán, parece que aquí hay ratones.

—Pues, yo no he notado nada—le respondió tranquilamente el capitán.

—Yo le aseguro que si encuentro uno de esos animalitos,[7] lo mato. Cirilo se dirigió después a su mujer y le dijo:

1. el aragonés *Aragonese, inhabitant of Aragon, region in northeast Spain; formerly a kingdom and later a province*   2. en casa *at home*   3. tomar el sol *to bask in the sun*   4. charlar *to chat*   5. tenerle satisfecho *to keep him happy*   6. el ratón *mouse*   7. el animalito *little beast*

—Esta noche vas a ayudarme a matar un ratón que no me deja dormir. Parece que anda cerca de la mesa, en el cuarto del capitán.

—Pues, lo matamos—le respondió su mujer— porque si no, va a comerse los papeles y la ropa.

Esa noche, el capitán volvió del teatro, muy cansado.[8] Se acostó y se durmió en seguida.[9] El tío Cirilo, andando de puntillas,[10] va al cuarto de González y escucha. Vuelve inmediatamente y dice en voz baja:

— ¡Mujer! ¡Mujer!

— ¿Qué?

—Vamos a buscar[11] el animalito, pero sin hacer ruido.

Los dos salen y van al cuarto del capitán, andando con mucho cuidado.

—¿Lo oyes? Ahí está.[12] ¿No lo ves?

—Sí, ahí está—replica la mujer.

— ¡Chist![13] ¿Encima o debajo?

—Encima de la mesa.

—A la izquierda, ¿verdad?

—Sí, escucha.

—Espera, voy a quitarme un zapato para matarlo.

— ¡Cuidado!

— ¡Chist! A la una, a los dos y ¡zas! [14]

Con el ruido, el capitán se despertó. Se levantó de la cama y preguntó:

— ¿Quién anda ahí? [15]

—Soy yo, mi capitán—dice el tío Cirilo en voz baja.

— ¿Qué diablos haces ahí[16] a estas horas?

— ¡He matado el ratón! Diciendo esto, enciende la lámpara[17] y añade:

—Mire, mi capitán. ¡Con uno de mis zapatos lo he matado!

El capitán se acerca a la mesa, y al ver lo que el tío Cirilo había hecho, le grita, muy irritado:

— ¡Animal! ¡Imbécil! ¡Mi antiguo reloj de oro! ¡Un reloj que le costó a mi padre cinco mil reales! [18]

---

8. cansado *tired*   9. en seguida *immediately*   10. andando de puntillas *going on tiptoe*   11. Vamos a buscar *Let's look for*   12. Ahí está. *There he is.*   13. ¡Chist! *Sh-sh! Be quiet.*   14. A la una, a los dos y ¡zas! *One, two and bang!*   15. ¿Quién anda ahí? *Who goes there?*   16. ¿Qué diablos haces ahí? *What the devil are you doing there?*   17. la lámpara *lamp*   18. el real *real, Spanish coin worth about five cents*

Preguntas

1. ¿Quién era el tío Cirilo?
2. ¿Qué dijo al capitán una mañana?
3. ¿Por dónde andaba el ratón?
4. ¿Qué pasó cuando dormía el capitán?
5. ¿Por qué no mató el ratón?

Useful Expressions:

(a) El capitán se acercó a la mesa.	*The captain approached the table.*
(b) Vamos a buscar el animalito.	*Let's look for the little beast.*
(c) Pasaron la noche en casa.	*They spent the evening at home.*
(d) A la una, a las dos y ¡zas!	*One, two, and bang!*
(e) ¡Cuidado, capitán!	*Be careful, captain!*

I. **Word Study:** Look up some of the words you do not understand in a Spanish-English dictionary.

1. reloj, relojero, relojería
2. grito, gritar, gritería
3. dormir, dormido, dormitorio
4. ruido, ruidoso, ruidosamente
5. emplear, empleo, empleado
6. paso, pasear, pasaje, pasajero

II. **Comprehension:** Recite the following sentences completely in Spanish.

1. El tío Cirilo es un hombre de —— (*little intelligence*).
2. Si ve el ratón —— (*he will kill it*).
3. La mujer de Cirilo trabaja —— (*at home*).
4. El capitán —— (*returned*) muy cansado.
5. Los dos tomaban el sol y —— (*chatted*).
6. Marido y mujer —— (*are going to see*) al capitán.
7. El aragonés cree que —— (*he has killed*) el ratón.
8. El capitán no ha notado —— (*anything*).

77

III. Practical Fluency Drills:

(a) Hablaré en voz baja.
I shall speak in a low tone.
Nosotros
Ellos no
Usted
Algunos
Felipe

(b) Esto me costó mucho.
This cost me much.
        casi nada.
        poco.
        bastante.
        algo.
        demasiado.

IV. Verbs: Change the following sentences to the present perfect, the past, and future with the subjects between parentheses:

1. Trabajo aquí (Lola, nosotros, ellos).
2. No tengo tiempo (usted, usted y yo, ellas).
3. Como algo bueno (el capitán, ustedes, nosotros).
4. Abro la puerta (usted y yo, usted, el señor Díaz).

V. Series

El capitán va al cine.
Llega allá.
Compra la entrada.[1]
Pasa dos horas allí.
Vuelve a casa.

Dialog

—¿Le gustó la película? [2]
—Me gustó mucho.
—¿Cuál es el título?
—No recuerdo.

1. admission ticket   2. picture

SUERTE DE GITANOS

Joselito el tonto fue llevado una tarde delante del juez de un pequeño pueblo de Andalucía. Era Joselito un gitano, conocido por sus robos y por su ingenio[1] en evitar el castigo[2] de la ley. Tenía una cara muy poco honrada y todo el aspecto de un pillo.[3] Estaba acusado esta vez de haber robado el burro del alcalde.[4] El juez lo miró con severidad y le preguntó:

—¿Otra vez usted, Joselito? Ahora ha robado el burro del alcalde. Y por eso es doblemente culpable. Además de robar ha cometido una falta de respeto a la autoridad. ¿Qué dice usted en su defensa?

—¿Qué voy a decir, señor juez? —respondió con calma el gitano. Digo que no es verdad.

—¿Qué no es verdad? Y entonces, ¿cómo explica usted que el agente de policía[5] lo encontró montado en el burro?

—Repito que soy inocente. Y también digo que no he cometido ninguna ofensa a la autoridad.

—¿Qué hacía usted, pues, montado en el burro y en dirección a su pueblo. ¿Por qué llegó usted en él hasta la puerta de su casa? Es evidente que usted es el ladrón[6] del burro. El alcalde reclama[7] que, además del burro, pago por lo que ha perdido mientras usted lo tenía.

—Es un error, señor juez. El señor alcalde no puede reclamar nada de mí. Quien reclama pago por el daño sufrido soy yo y no debe ser el alcalde. Yo no he robado ese burro, sino el burro me ha robado a mí.

— ¡Ah, eso es algo nuevo! Nunca he oído tal explicación. ¡Un burro robando un hombre! ¿Cómo pasó eso? Explíqueme, que estamos perdiendo tiempo hablando tonterías.

—Yo no hablo tonterías, señor juez, yo estoy diciendo sólo la verdad. Créame que es la pura verdad, palabra de honor.

— ¡Hable, hable! ¡A ver,[8] cuénteme su historia —exclamó el juez ya impaciente.

---

1. el ingenio *talent, skill* 2. el castigo *punishment* 3. el pillo *rogue, rascal* 4. el alcalde *mayor* 5. el agente de policía *policeman* 6. el ladrón *thief* 7. reclamar *to demand* 8. A ver *Let's see*

—Pues bien,[9] yo estaba muy tranquilo sentado en un árbol comiendo cerezas. De repente,[10] se rompió una rama. ¿Y cree usted que caí al suelo? No, señor juez. Caí sobre el burro del alcalde. El animal estaba en la sombra bajo el mismo árbol. Esa es la verdad la santísima verdad.[11] Hasta tuve la buena fortuna de caer bien montado.

—Y, ¿qué hizo entonces el animal? ¿Por qué no se bajó usted y llevó el burro al alcalde?

—Por una razón muy simple; el animal se asustó y empezó a correr. A pesar de mis esfuerzos y de hablarle no me dio tiempo para bajarme. ¡Qué burro traidor! [12]

—Explique. ¿Y cómo es que el burro no tomó el camino de su casa? Esa es la costumbre entre esos animales.

—Eso mismo le decía yo:[13] "A tu casa, burro, a tu casa."

—Y entonces, ¿por qué no llegaron allí?

—Porque el bandido del burro[14] no me hacía caso.[15] No quiso seguir mis consejos, señor juez. Aunque se lo repetí muchas veces, no quiso hacerlo.

—¿Qué pasó entonces?

—Pues el burro en vez de ir a su casa me llevó, contra mi voluntad, hasta la mía. Y ahora bien,[16] le pregunto con todo respeto: ¿Quién debe ser recompensado por ser robado, el alcalde o yo?

El juez se echó a reír[17] y no tuvo el corazón de castigar al gitano. Sólo mandó a devolver[18] el burro al alcalde. Y así otra vez, Joselito tuvo la buena fortuna de librarse de unas semanas de cárcel.[19]

---

9. Pues bien *Well then* 10. De repente *All of a sudden* 11. la santísima verdad *nothing but the truth* 12. ¡Qué burro traidor! *What a treacherous donkey!* 13. ¡Eso mismo decía yo! *That is exactly what I said* 14. el bandido del burro *the confounded donkey* 15. no me hacía caso *didn't pay attention to me* 16. Y ahora bien *And so* 17. se echó a reír *began to laugh* 18. Sólo mandó a devolver *He ordered only to return* 19. la cárcel *prison, jail*

Preguntas

1. ¿Quién era Joselito?
2. ¿Qué había robado?
3. ¿Cómo explicó su posesión del burro?
4. ¿A dónde le llevó el burro?
5. ¿A quién debía devolverlo?

Useful Expressions:

(a) ¿Cómo pasó tal cosa?	*How did such a thing happen?*
(b) Eso mismo le decía yo.	*That's what I told him.*
(c) Ellos no me hacen caso.	*They don't pay attention to me.*
(d) ¿Qué voy a decir?	*What can I say?*
(e) De repente apareció el burro.	*All of a sudden the donkey appeared.*

ORAL EXERCISES

I. Word Study: Put pairs of words together which mean the same.

1. cara	contestar
2. pillo	fácil
3. burro	agente
4. falta	principiar
5. responder	asno
6. policía	pícaro
7. casa	error
8. sólo	rostro
9. empezar	domicilio
10. simple	solamente

81

II. Comprehension: Complete the unfinished sentences to the left with the proper part to the right.

1. Joselito fue conocido
2. El gitano tenía
3. El hombre estaba acusado
4. El dice que eso
5. Yo no he cometido
6. Los dos llegaron
7. Es evidente que
8. El pobre gitano

no es verdad.
a la casa de Joselito.
cayó sobre el burro.
por su ingenio.
una cara de pillo.
de robar el burro.
ningún robo.
Joselito es el ladrón.

III. Pick out the right word in the following sentences:

1. Joselito fue llevado —— del juez.
   (cerca de, sobre, delante, bajo de)

2. Este hombre no tenía —— honrado.
   (aspecto, voz, mano, defensa)

3. El había robado el —— del alcalde.
   (pueblo, burro, gitano, castigo)

4. Es evidente que el gitano es ——.
   (montado, nuevo, culpable, sentado)

5. El dice que no ha cometido —— ofensa.
   (cada, ninguna, toda, alguna)

6. El pillo dice que está diciendo la ——.
   (suerte, falta, verdad, suelo)

IV. Practical Fluency Drills:

Verbs

Present:
¿Qué dice usted?   Digo que no es verdad.
Past:
¿Qué dijo usted?   Dije que no era verdad.

82

Future:

¿Qué dirá usted?   Diré que no es verdad.

Imperative:

Diga la verdad.   No diga la verdad.

V. Series

(a) Repeat the series with
    yo, nosotros, usted

El gitano va a un pueblo.
Ve el burro del alcalde.
Lo lleva a su casa.
Está acusado de robarlo.
El dice que eso no es verdad.

Dialog

(b) Memorize and dramatize.

—Hola, Joselito, ¿qué tal?
—No muy bien.
—¿Qué le pasa?
—Me acusan de robar el burro del alcalde.

Cosas de España

España, la patria creada[1] por la unión de los antiguos reinos[2] bajo el poder[3] de Isabel y Fernando, en 1492 se agruparon para pelear[4] y triunfar contra los moros. La espada[5] llevó en triunfo a la cruz[6] hasta la torre[7] más alta de la Alhambra. Aún no se había terminado la epopeya[8] nacional cuando comenzó otra más grande con el descubrimiento, conquista y civilización del Nuevo Mundo.

El 12 de octubre de 1492, Cristóbal Colón, que al frente de tres carabelas[9] había salido del puerto de Palos, llegó después de un largo viaje a la isla[10] de Guanahani, descubriendo así las primeras tierras de América.

El primer navegante[11] que dio la vuelta al mundo[12] fue Sebastián Elcano. Partió de España el 20 de septiembre, 1519. Elcano formó parte de una expedición de cinco barcos,[13] de los cuales sólo el suyo cumplió el viaje, regresando[14] tres años después. Sus hombres fueron reducidos a una condición miserable por las mil catástrofes del viaje.

El museo del Prado es una de las collecciones de cuadros más importantes del mundo. Su número de obras artísticas está formado por más de 2,500 cuadros. Ya en 1840 era considerado como el mejor museo del mundo por los extranjeros que lo visitaban. Recientement se celebró el ciento cincuenta aniversario con una exposición de las principales obras adquiridas durante los últimos diez años.

---

1. la patria creada *the country formed*   2. el reino *kingdom*   3. el poder *power, influence*   4. pelear *to fight*   5. la espada *sword*   6. la cruz *cross*   7. la torre *tower*   8. la epopeya *epic*   9. la carabela *small ship* 10. la isla *island*   11. el navegante *navigator*   12. dar la vuelta al mundo *to sail around the world* 13. el barco *boat* 14. regresar *to return*

HISTORIA DE UN CAMELLO[1]

El profesor Rojas se sentía muy cansado. Acababa de examinar[2] a muchos discípulos[3] para el bachillerato.[4] Subió a un ómnibus y abrió el periódico. Leyó unos minutos, pero le llamó la atención las voces de dos muchachas que iban también allí. Por encima del periódico y por debajo de[5] los lentes,[6] el profesor levantó los ojos y las miró. Eran dos bonitas muchachas, alegres, jóvenes y sonrientes.[7] Una era morena[8] y la otra muy rubia. El profesor no pudo leer más. Sin quererlo, trataba de oir su conversación y, por fin,[9] se decidió a hacerlo.

—Tienes probabilidades,[10] pues has estudiado mucho. Pero yo . . . —decía la rubia.

—No tengas miedo,[11] —interrumpió la morena[12] —has estudiado.

—Filosofía y matemáticas y otras cosas. Pero historia natural . . . no sé nada; y si me toca[13] ese camello de Rojas . . . saldré muy mal.[14]

El profesor Rojas sintió una emoción violenta.[15] Siempre había tratado de cumplir con su deber para con[16] los estudiantes. Era muy severo en los exámenes. Y la linda rubia lo llamaba "camello". Se levantó para bajarse y miró atentamente[17] a la muchacha rubia y pensó: "Si alguna vez tengo que examinarte, pagarás caro el insulto que me has hecho sin conocerme . . .".

Al día siguiente[18] el profesor Rojas llegó a examinar los discípulos y el incidente de la víspera[19] se le había olvidado. Mas de pronto tuvo una sensación desagradable. Sus ojos acababan de encontrarse con[20] unos bellos ojos de color

---

1. el camello *camel* 2. acabar de + inf. *to have just + inf.* 3. el discípulo *student* 4. el bachillerato *bachelor's degree* 5. por debajo de *under* 6. los lentes *eyeglasses* 7. sonriente *smiling* 8. moreno *dark* 9. por fin *at last* 10. Tienes probabilidades *You have possibilities* 11. No tengas miedo *Don't be afraid* 12. la morena *brunette* 13. si me toca . . . Rojas *if Rojas . . . . examines me* 14. saldré muy mal *I'll surely fail* 15. sintió una emoción violenta *he felt a deep disturbance* 16. para con *towards* 17. miró atentamente *stared* 18. Al día siguiente *The following day* 19. la víspera *eve, day before* 20. encontrarse con *to meet*

violeta: los de la linda rubia del día anterior. Pero estos ojos tenían una expresión distinta ahora. Miraba al profesor como quien mira algo terrible. ¿Sería que habría reconocido[21] al tranquilo pasajero[22] del ómnibus? ¿Sería que tenía miedo de salir mal? Y pensó: "Ahora tendrás ocasión de justificar el nombre que me diste ayer".

Examinando la lista el profesor vio que la joven se llamaba Amelia Marcano. Y de nuevo sintió el deseo de vengarse[23] de ella. Al llegar su turno la haría quedar mal.[24] Pero después se acordó que estaba en un puesto muy importante de la enseñanza. Tenía que ser honrado; no podía tener influencia un asunto personal en el examen de la joven. En vez de ser muy severo e injusto con ella, debía, al contrario, ser indulgente.

Por fin, llegó el turno a la joven. Se levantó pálida y después se puso roja, y así pasó varias veces. Sus manos estaban muy apretadas y mostraba mucho miedo su linda cara. El profesor la miró fijamente y le dijo con severidad:

—Señorita, voy a hacerle una pregunta que se aparta un poco de[25] este examen de historia natural. Dígame, ¿qué sabe del camello?

—Pero . . . Señor . . . yo . . .

"Muy bien," pensó Rojas." Me ha reconocido. Antes del examen, ya se ve perdida.[26] Ya me he vengado."

—El camello —dijo muy severo —es un animal lleno de cualidades. Así es que emplear su nombre como insulto es algo injusto para quien conoce algo de esos animales. Ya veo que usted no sabe nada acerca del camello. Por lo tanto[27] pasemos ahora al examen.

Le hizo una pregunta muy fácil y Amelia pudo contestarla, a pesar de su confusión. El profesor fue muy bueno con ella y hasta la sacó de dificultades cuando veía que no sabía contestar. Por fin terminó el examen y la muchacha comprendió que saldría bien.[28]

---

21. Sería que habría reconocido *She probably recognized* 22. el pasajero *passenger* 23. vengarse *to get revenge* 24. quedar mal *to fail* 25. se aparta un poco de *is slightly unrelated to* 26. perdido *failing* 27. Por lo tanto *therefore* 28. salir bien *to pass*

"Después de todo,"[29] meditaba el profesor "ella es una muchacha encantadora. Hay que perdonar a la juventud esas palabras fuertes."

"Después de todo," pensaba Amelia "el profesor es un hombre encantador y muy bueno. Pero me habían dicho que era injusto y muy severo. Siento mucho[30] haberlo llamado "camello."

Al terminar los exámenes el profesor salió del colegio. En la puerta encontró a Amelia que lo esperaba. Ella quiso hablarle, pero no pudo; y Rojas vio que tenía lágrimas en los ojos. Si él hace un simple gesto ella habría pedido perdón. Pero el profesor miró hacia otro lado, por primera vez en su vida, corrió para subir al ómnibus. Al día siguiente el profesor tuvo una sorpresa al sentarse: a su lado se sentó Amelia.

—Señor profesor . . . —dijo con timidez.

—Señorita . . . replicó Rojas con confusión.

Pasaron tres años y . . . misterio de los misterios . . . el "camello" es ahora el esposo de la linda Amelia.

29. Después de todo *After all*   30. Siento mucho *I'm very sorry*

Preguntas

1. ¿Qué llamó la atención del profesor Rojas?
2. ¿Por qué sintió el profesor una emoción violenta?
3. ¿Quién era Amelia Marcano?
4. ¿Salió mal o bien en el examen?
5. ¿Cómo terminó el cuento?

Useful Expressions:

(a) No tengo miedo de hablar.	*I'm not afraid to speak.*
(b) Esta vez saldré mal.	*This time I'll fail.*
(c) Al día siguiente vio al profesor.	*The following day she saw the professor.*
(d) Lo siento mucho por lo que hice.	*I'm very sorry for what I did.*
(e) No podemos leer más.	*We can't read any more.*

I. Word Study: Look up the words you don't know in a Spanish-English dictionary.

1. examen, examinar, examinante
2. insulto, insultar, insultante
3. empleo, emplear, empleado
4. paseo, pasear, paseante
5. pregunta, preguntar, preguntón
6. enseñar, enseñanza, enseñante

II. Comprehension: Complete the following sentences.

1. Las dos muchachas eran ——.
2. El profesor Rojas abrió ——.
3. Una de las muchachas era ——.
4. La rubia dijo que no sabía nada de ——.
5. El profesor Rojas era severo en ——.
6. La cara de la rubia mostraba ——.
7. La señorita Marcano creía que iba a ——.
8. Después de tres años el camello es ——.

III. Practical Fluency Drills:

(a) Me siento muy cansado.
    I feel very tired.

>   triste.
>   alegre.
>   fuerte.
>   débil.
>   feliz.

(b) Usted acaba de ver eso.
    You have just seen that.
    Nosotros
    Amelia
    Luisa y Lucía
    Yo
    La señorita

(c) El subió a un ómnibus.
He climbed into an omnibus.
taxi.
avión.
tren.
auto.
buque.

(d) Tendremos miedo de salir.
We are afraid to leave.
Usted
Lola
Ellos
Nadie
José

IV. Series

Amelia era una linda rubia.
Habló contra el profesor Rojas.
Lo llamó camello.
Sintió haberle ofendido.

Dialog

—¿Cómo se llama usted?
—Me llamo Amelia Marcano.
—¿No es usted quién me llamó camello?
—Sí, pero yo no lo conocía y lo siento mucho.

Cosas de la América hispana

Ocuparon los aztecas el valle[1] de México y los territorios vecinos. La capital de la confederación fue la ciudad de México. Eran grandes agricultores y cultivaron el maíz,[2] cacao, la vainilla, etcétera. Eran expertos en arquitectura y numerosos templos y palacios que hoy se hallan en ruinas hablan del grado de adelanto[3] en ese aspecto. Adoraban diferentes dioses y celebraban grandes fiestas religiosas.

La civilización de los mayas fue una de las más importantes de la época. Tenían calendario y escritura.[4] Poseían leyes y una organización militar y eclesiástica. Demostraron[5] grandes conocimientos[6] de arquitectura y dejaron notables monumentos cuyas ruinas tienen valor histórico como las de Copán, Chichén-Itzá y Uxmal.

Todas las tierras del inmenso imperio de los Incas era propiedad del soberano.[7] El imperio de los incas, cuya capital era el Cuzco, se extendía por los actuales[8] territorios de Ecuador, Perú, Bolivia, norte de Chile y noroeste de Argentina. Adoraban al sol y a la luna y tenían grandes templos. Eran célebres en arquitectura como demuestran las ruinas de Machu Picchu. Adoraban a muchos dioses pero su dios principal era el sol.

El maíz es el trigo[9] de las razas de la América hispana. Era conocido en casi toda Centroamérica, grandes porciones del Perú, Bolivia y también partes del Ecuador y Chile.

El árbol del cacao crece en la región tropical de América. Los aztecas lo consideraban un don[10] de los dioses. El fruto les servía de moneda;[11] molido[12] lo utilizaban para preparar una bebida llamada "chocolatl," que dio origen al chocolate.

1. el valle *valley*   2. el maíz *corn*   3. el adelanto *progress*   4. la escritura *writing*   5. demostrar *to show*   6. el conocimiento *knowledge*   7. el soberano *sovereign*   8. actual *present*   9. el trigo *wheat*   10. el don *gift*   11. la moneda *money*   12. molido *ground.*

VOCABULARIO

NOTE

1. This vocabulary does not contain words which are identical in form and meaning in both Spanish and English.
2. Footnotes are not included in this vocabulary.
3. Spanish cognates which suggest their meaning in English are also omitted.
4. (i), (ie), (ú), (ue) indicate stem changes in radical changing words.
5. A dash (—) indicates the title word.

ABBREVIATIONS

adj.	adjective	**p.p.**	past participle
adv.	adverb	**pl.**	plural
conj.	conjunction	**prep.**	preposition
demons. adj.	demonstrative adjective	**pres. part.**	present participle
demons. pron.	demonstrative pronoun	**pron.**	pronoun
		reflex. pron.	reflexive pronoun
f.	feminine	**rel. pron.**	relative pronoun
ind. adj.	indefinite adjective	**sing.**	singular
inf.	infinitive	**X**	opposite meaning
masc.	masculine	**=**	similar meaning

A

a   to, at, for
abajo   below, down
abierto, -a   open, opened
el abogado   lawyer
abrazar   to clasp, hug
abrir   to open; **X cerrar**
el abuso   abuse
acabar   to end; — **de** + inf.
   have just + p.p.
acaso   perhaps, maybe
acceder   to agree, consent
acerca de   prep., about
acercarse a   to approach
aconsejar   to advise
acordarse(ue)   to remember;
   — **de**   remember
acostará (acostar)   will lie
   down
acostaremos (acostar)   we
   shall put him to bed
acostarlo (acostar)   put him
   to bed
acostarse(ue)   to retire, go to
   bed
se acuesta (acostarse)   lies
   down
además   adv., & conj.,
   besides; — **de**   besides
advierto (advertir)   I warn
el agente   policeman
ágil   fast, nimble
agradable   agreeable
agradar   to please
el agua   f., water
ahogarse   to drown
ahora   now; — **mismo**
   right now
el aire   air
alabar   to praise
alargarse   to move away;
   run away, withdraw
alegre   happy
algo   adv., somewhat

algo   something; — **injusto**
   something unjust
alguno, -a (algún)   some, any
alimentarse   to feed on
allá   there, over there
allí   there
alto   adv., stop, halt
alto, -a   high
amanecer   to dawn
amargo, -a   bitter
ambulante   traveling
el americano   American
el amigo   friend
el amo   master
ancho, -a   wide
anciano, -a   old; **X joven**
Andalucía   f., Andalusia
el andaluz   Andalusian
andaluz, -a   Andalusian
andar   to walk, go;
   = **caminar**
el ángel   angel
añadir   to add
el año   year
anterior   preceding, former
antes de   prep., before
antiguo, -a   old
apenas   scarcely, hardly
apreciar   to appreciate
apretado, -a   clenched
aquel, aquella   pl., **aquellos,**
   -as   that; those
el árbol   tree
arriba   adv., up, above,
   upstairs
arrojar   to throw (away)
el artículo   article; thing
el artífice   craftsman
asegurar   to assure
aseguro (asegurar)   I assure
así   so, thus
el asno   donkey
asombrado, -a   astonished

el asunto	matter, affair	**aunque**	conj., although, even
asustarse	to be frightened		though
atado, -a	tied	**ayer**	yesterday
atento, -a	attentive; intensive	**ayudar**	to help
aun (aún)	even, yet, still	**ayudó (ayudar)**	helped

B

bajar   to come down; dis-
   mount; —**se**   get down,
   get off
bajo   prep., under
bajo, -a   low
el banco   bank
el banquero   banker
bastante   enough, sufficient;
   = **suficiente**
bastante   adv., enough; quite;
   very
beber   to drink
bello, -a   beautiful
bien   adv., well; very

el bolsillo   pocket
bonito, -a   pretty
el bosque   woods, forest
el bozal   muzzle
el brazo   arm
bromear   to joke
bruto, -a   stupid; = **torpe**
buen   used for **bueno** before
   a masc. sing. noun
bueno, -a   good
el buque   boat
el burro   donkey; = **el asno**
busca (buscar)   is looking for
buscar   to look for; go for

C

el caballero   gentleman, man
el caballo   horse
el cabello   hair; — s hair
caber   to fit; **no cabe duda**
   there is no doubt
la cabeza   head
el cabo   end; **al — de**   at
   the end of
cada   each, every
la cadena   chain
caer   to fall
la caja   box; coffin
caliente   warm, hot
la calle   street
el calor   heat; **hace —**   it
   is warm; **X frío**

la cama   bed
cambiar(se)   to change
el camello   camel
caminar   to walk; = **andar**
el camino   road
el campo   country
cansado, -a   tired
capaz   capable, able
la cara   face; = **el rostro**
¡Caramba!   Heavens! Great
   guns!
Carlos   Charles
la carne   meat
caro, -a   dear
la carrera   profession, career

la casa house; **en —** home, at home; **= el domicilio**
casado, -a married
casi almost
el caso case
castellano, -a Spanish, Castilian
castigar to punish
la causa case
celoso, -a eager, enthusiastic
el centavo cent
cerca adv., near, nearby
cerca de prep., near
la cereza cherry
cerrado, -a closed; **X abierto**
cerrar(ie) to close
ciento (cien) hundred
cierra (cerrar) closes, close
cierto, -a certain
cincelar to engrave
cinco five
el circo circus
la ciudad city
¡claro! of course!
la clase class; kind
el cobrador collector
el cochero coachman
la cocina kitchen
cocinar to cook
el cocinero cook
coger(jo) to take; catch
el colegio school, academy
comen (comer) eat
comenzar(ie) to begin
comer to eat; **— se** eat (up)
cometer to commit
la comida meal, meals; food
como (comer) I eat
como like, as
¿cómo? how?; **¡ — !** what!
el comprador buyer
comprar to buy; **— se** buy

compraría (comprar) would buy
comprender to understand; feel
con with
conciliador, -a conciliatory
el conde count
conocer(zco) to know
conque so then
el consejo advice
contar(ue) to tell
contener to control
contestar to answer
continuar(ú) to continue
contra against
contribuir to contribute
contribuye (contribuir) contribute(s)
la copa cup; goblet
el corazón heart
correr to run
cortar to cut
cortado, -a cut
la cosa thing; matter
el costo cost
la costumbre habit
creer to believe, think
creyendo pres. part. of **creer**
criado, -a brought up, raised
cruzar to cross
el cuadro painting, picture
cual, -es (el, la, lo, los, las) rel. pron., which
¿cuál, -es? inter. adj. & pron., which? which one? what?
cuando when; **¿cuándo?** when?
cuánto adv., how much
cuánto, -a how much; **¿ — os, -as?** how many?
cuarenta forty
cuarto, -a adj., fourth
el cuarto room

cubrir   to cover
el cuello   neck
la cuenta   account; bill
el cuento   story
el cuidado   care
cuidar   to take care

la culpa   fault
culpable   guilty
culto, -a   cultured
cumplir   to fulfill; keep (a
    promise); — con   fulfill
Curro   Frank

Ch

el chico   small boy
chico, -a   small, little

D

dame (dar)   give me
dan (dar)   give
dando (dar)   giving
el daño   harm
dar   to give; — de comer
    to feed
de   of; from; with
debajo   below; — de
    under
debe (deber)   must, have to,
    ought to
debemos (deber)   must, ought
    to
deber   ought to , should,
    must
el deber   duty, job
débil   weak
decidir   to decide; — se a
    decide
décimo, -a   tenth
decir   to say
el dedo   finger
el defensor   defender
dejar   to let; abandon; — de
    to stop
delante de   prep., in front of,
    before
demasiado   adv., too much
derecho, -a   right
desagradable   disagreeable

desaparecer   to disappear
desayunar(se)   to breakfast,
    have breakfast
descansando (descansar)
    resting
descansar   to rest
el desconocido   stranger
desear   to wish, desire
el deseo   wish, desire
desierto, -a   deserted
despertar(ie)   to awaken,
    wake up; —se   wake
    up
después   afterwards, then
destruir   to destroy
detenido, -a   stopped
se detienen (detenerse)   stop
devolver(ue)   to give back,
    return
el día   day; todos los —s
    everyday
dice (decir)   say(s)
el diente   tooth
diez   ten
diga (decir)   tell
la dignidad   dignity; grade
digo (decir)   I tell, say
el dinero   money
dirigir(jo)   to direct; —se a
    go, direct oneself to

96

la disculpa   apology
disparar   to shoot
disputar   to argue
distinguir(go)   to distinguish, make out
distinto, -a   distinct; different
el domicilio   house, home
don (doña)   Spanish title used before first name

donde   where; **¿dónde?** where?
dormir(ue)   to sleep; ——se fall asleep
dos   two
doscientos, -as   two hundred
durante   during
durar   to last
duro, -a   hard, difficult

E

e   and (before **i** or **hi** but not before **hie**)
echar   to throw; put; ——se **a** + inf., begin to + inf.
economizar   to economize
empezar(ie)   to begin; = **principiar**
empieza (empezar)   start(s)
el empleado   employee
emplear   to use, employ
el empleo   work, job
en   in, on
encantador, -a   charming, enchanted
encargar   to order
encender(ie)   to light
encima (de)   prep., on, upon; — **de**   on top of; **por** — **de**   over
encima   adv., above
encontrar(ue)   to find, meet; ——se   be, find oneself
encontré (encontrar)   I met
enfermo, -a   sick, ill
enfrente   adv., in front
la enseñanza   teaching
entonces   then
entrar   to enter; — **en** enter
entre   between, among
enviar(í)   to send
eran (ser)   was, were
es (ser)   is, are
la escena   scene

escuchar   to listen
ese, -a   pl., **(esos, esas)** demons., adj., that, those
ése, ésa, eso   pl., **(ésos, ésas)** demons., pron., that (one), those
el esfuerzo   effort, attempt
eso   that; **por** —   that is why
España   Spain
el espectáculo   show
esperar   to wait
esperará (esperar)   will wait
el esposo   husband; **la** ——**a** wife
está (estar)   is; — **leyendo** is reading
el estado   state; condition
están (estar)   are
estar   to be
la estatura   stature; height
éste, ésta   pl., **(éstos, éstas)** demons, pron., this, these; — **latter**
esto   this
estoy (estar)   I am
estudiar   to study
evitar   to avoid
exactamente   exactly
exagerado, -a   exaggerating, bragging, boastful
explicaba (explicar)   was explaining

97

F

fácil easy
la falta lack; mistake;
 = error
Felipe Philip
feliz happy
figurar to appear, figure
fijo, -a fixed, steady
el fin end; **al —** at last;
 por — at last
fino, -a fine; artistic

la flor flower
la flotilla fleet
franco, -a frank
el frío cold
frotar to rub
fuerte strong; intense; **X**
 débil
fui (ser) I was
la función show, performance

G

la gana desire; **tener —s de**
 to feel like
ganado, -a earned
ganar to earn; **—se**
 earn, gain, win
ganaría (ganar) would earn
el gato cat
la gente people
el gesto gesture; sign
gingantesco, -a gigantic

el gitano gypsy
el golpe blow
la gramática grammar
gran (short form of grande)
 big, large
grande big, large
el grano grain; **—s de uva**
 grapes
gritar to shout, yell
gustar to like; **— de** like

H

ha (haber) has, have
haber to have (as auxiliary);
 — have (used to form the
 perfect tense)
había there was, there were
la habitación room
hablan (hablar) speak
hacer to make, do; **— una**
 pregunta a ask a question
hacia prep., toward
haciendo (hacer) doing
haga do
el hambre f., hunger

hará (hacer) will do
haría (hacer) would do
hasta until, till, as far as, to,
 up to; even; **— que**
 until, till
hay there is, there are;
 — que one must
he (haber) I have
hecho (p.p. of **hacer**)
 done
el helado ice cream
herido, -a wounded
el hermano brother
hermoso, -a beautiful

el hijo   son; **la —a**
daughter
la historia   story
hizo (hacer)   did, did do
el hombre   man
el hombrecito   little man

honrado, -a   honorable,
honest
la hora   time; hour
hoy   today
hubo (haber)   had
huir   to flee, run away

I

igual   same, equal
el individuo   person, individual
el infeliz   unhappy one
el infierno   hell
injusto, -a   unjust

inútil   useless
ir   to go; **va a (ser)**   is
going to (be); **— a pie**
go on foot
izquierdo, -a   left

J

el jardín   garden
Joselito   Joe, Joey
joven   young
el joven   young man; **la —**
young lady
jovial   light hearted, jovial
Juan   John

el juez   judge
junto, -a   close to; **—s**
together
la justicia   justice
justificar   to justify
la juventud   youth, young
people

L

la   the; her, it
el lado   side
la lágrima   tear
largo, -a   long
le   him, her, to him, to her,
you, to you
la lección   lesson
la leche   milk
leer   to read
lejano, -a   distant, far
el lenguage   language
levantar   to raise, lift; **—se**
get up; **X acostarse**
la ley   law; **estudiar —es**
to study law

leyendo   reading
la libra   pound
librar   to free; **—se**   free
oneself, escape
el libro   book
ligero, -a   fast
el limpiabotas   bootblack
limpiar   to clean; shine
limpio, -a   clean; **X sucio**
lindo, -a   pretty
lo   it, him
lograr   to be successful in,
succeed
los   the, them
la lucha   struggle

99

luego adv., then
el lugar place

lustrar to shine
la luz light

LL

llamar to call
llegar to arrive; reach; — a
　un lugar reach a place;
　X salir

lleno, -a full
llevar to bring, carry; take;
　wear, have on; —se
　carry away; = traer

M

la madera wood
malo, -a bad
magnífico, -a magnificent
mandar to order; send
manejar to drive
la mano hand
mando (mandar) I send
mañana adv., tomorrow
la mañana morning
María Mary
el marido husband
mas but
más more; ¿qué — ?
　what else?; — tarde
　later
matar to kill
el matrimonio married
　couple, husband and wife
me me, to me, for me
mejor better
menor younger
menos less; por lo — at
　least
—mente: (used to form
　adv. from adj.)
merecer(zco) to deserve
el mes month
la mesa table
meter to put; —se place
　oneself
mi my

mí to me, for me
el miedo fear
mil thousand
mientras while; — que
　while
mira (mirar) look(s)
mirar to look, look at
mire (mirar) look
mismo, -a same; él —
　he himself
la molestia trouble
montado, -a mounted
la montaña mountain
montar to mount, get on
el monte mountain
la morena brunette
morir(se) to die
mostrar(ue) to show
mover(ue) to move; —se
　move
el muchacho boy; la
　muchacha girl
mucho adv., much, great
　deal; X poco
mucho, -a adj., much, a
　great deal; —s many
la mujer woman, wife
el mundo world
muy very

N

nada nothing; — **menos** nothing less; **no . . . nada** not . . . anything; **sin hacer —** without doing anything

nadie nobody, no one

la nariz nose

la Navidad Christmas

el negocio business; **los —s** business

negro, -a black

ni neither; not . . . either

ninguno, -a adj. & pron., no one, not any, none

no no, not

el noble nobleman

la noche night; **por la —** at night

el nombre name

el norteamericano American

nosotros, -as we; us

noveno, -a ninth

nuestro, -a our

nuevo, -a new; another; **de nuevo** again

nunca never; **no . . . —** not . . . ever

O

o or

el objeto object

obligar to force; make

la obra masterpiece

la obscuridad darkness, obscurity

ocurrir to happen

ofender to offend

la oficina office

ofrecer(zco) to offer

oir to hear

el ojo eye

olvidar to forget; **—se de** forget

el oro gold; **de oro** blond

otro, -a other, another

P

el padre father; = **el papá**

pagar to pay

el pago payment

el país country

el pájaro bird

la palabra word

pálido, -a pale

el pantalón trousers, pants; **pantalones** trousers, pants

el paño cloth; rag

el papá father

el papel paper; rôle

para to, in order to; **¿ — qué?** why? what for?

parecer(zco) to seem; be like

parecido, -a similar

pasar to pass; happen, occur; spend; shine; pass on

la pastelería pastry shop, ice cream parlor

la paz peace

el pedazo   piece
pedir(i)   to ask for;
    — prestado   borrow
Pedro   Peter
pegar   to beat, strike
pensar(ie)   to think
pequeño, -a   small, little;
    X grande; = chico
el pequeño   little fellow
perder(ie)   to lose; —se
    get lost; X encontrar
perdonar   to pardon
el periódico   newspaper,
    paper
permitiría (permitir)   would
    permit
pero   but; = mas
el perro   dog
la persona   person; = el
    individuo
el personaje   character (in a
    play)
el pesar   trouble; a — de
    in spite of
el pescador   fisherman
la peseta   peseta   (Spanish
    monetary unit)
el peso   weight; (monetary
    unit of Spanish America)
la petición   request
picar   to pick
el pícaro   scoundrel
el pie   foot; ir a —   go
    on foot
la pierna   leg
el pillo   scoundrel; = el
    pícaro
pintado, -a   painted
el pintor   painter, artist
la pintura   painting
el piso   floor
la plata   silver
pobre   poor; X rico
el pobre   poor (one)
poco, -a   little

poco   adv., a little
el poder   power
poder(ue)   to be able, can
el policía   policeman; = el
    agente
el polvo   dust
poner   to put; —le   put
    on him; —se   put
    oneself; become
por   for; through; by; from,
    to; on account of; ¿ —
    qué?   why?; — lo
    menos   at least
porque   because
¿por qué?   why?
poseer   to possess, have, own
precisamente   exactly
la pregunta   question; hacer
    una — a   to ask a
    question
preguntar   to ask
el presente   gift
prestar   to lend
pretender(ie)   to pretend
prevenir   to warn
primero, -a   first
primero   adv., first
principiar   to begin
probar(ue)   to try, try out
profundamente   deeply
la promesa   promise
pronto   adv., soon; de —
    suddenly
propio, -a   own
el pueblo   town, village
puedo (poder)   I can, I am
    able
la puerta   door; —s
    gates
pues   adv., for; well; then
el puesto   place; position
el punto   point
la pureza   correctness;
    purity

102

Q

que who, which, that; than; because; **lo —** what, that

¿qué? what(a)?; **¿ por — ?** why? **¿para — ?** why? what for?

quedar(se) to remain

quejarse to complain

querer to want, wish; **— a** love, **—se** love; **= desear**

querido, -a dear

¿quién? who?, whom?; **—es** who?, whom?

quitarse to take off

R

la rama branch

el ramo bunch

el rato while; time

la razón reason; **con —** truely

el real coin worth one fourth of a peseta

recibir to receive

recientemente adv., lately, recently

recordar(ue) to remember

el regalo present, gift; **= presente**

el reloj watch

reír to laugh; **—se de** be laughed at

renuncio (renunciar) I reject

repetir(i) to repeat

replicar to reply

resolver(ue) to decide, resolve

responder to answer; **= contestar**

respondió (responder) answered

la respuesta answer

resuelto, -a solved; determined

el resultado result

retirarme (retirarse) I retire

el rey king

rico, -a rich

el rico rich (person)

robar to steal

el robo theft

rojo, -a red

romper to break; **—se** be broken

la ropa cloth

el rostro face

roto p.p., romper

la rubia blond (person)

rubio, -a blond

el ruido noise

S

el sábado Saturday

saben (saber) know

saber to know; **— + inf.**, to know how + inf.

sacar to take out

salir to go, go out; run; **— bien** to pass; **— mal** fail

saltar to jump, leap

salvar to save

San Saint, (used before masculine names of Saints)

el santo Saint; **la santa** Saint

se reflex. pron., himself, herself, itself; each other

sé (saber) I know

seguir(i) to follow

segundo, -a second

seguro, -a sure

seis six

la semana week

sentado, -a seated

sentar(ie) to seat; ——**se** sit down

sentir(ie) to feel; ——**se** feel like; **siento mucho** I am very sorry

señalar to point out, point to

el señor Mr., sir; **la ——a** madam, Mrs.

la señorita Miss

ser to be

será (ser) may be, will be

servir(i) to serve; **¿en qué puedo ——le?** What can I do for you?

Sevilla Seville

el sevillano Sevillian

sevillano, -a Sevillian

si if

sí yes

sido (ser) been

siempre always

siendo (ser) being

siguiente following

la silla chair

simple easy; = **fácil**

sin without

sino but (only after negatives)

el sirviente servant

sobre on, upon

solamente adv., only

sólo only; **no —— ... sino (que)** not only ... but; = **solamente**

solo, -a alone; single

la sombra shade

el sombrero hat

son (ser) are

soportar to bear; carry

la sorpresa surprise

su his, her, its

subir to climb; go up; **X bajar**

el suelo ground

la suerte luck

suficiente sufficient

sufrir to tolerate, bear

suyo, -a your, his, her, its, their

T

tal ind. adj., such, such a

también also

tampoco adv., neither, not ... either

tan so

tanto adv., so much; **por lo ——** therefore

tanto, -a ind. adj. & pron., so much; ——**s** so many

tardar to be late

tarde late; **X temprano**

la tarde afternoon

te you, to you, for you

temer to fear, be afraid

temprano adv., early

tenaz persistent, obstinate

tener to have, own; —— **que** + inf., to have to + inf.; = **poseer**

tengo (tener) I have

tercero, -a third

terminar to finish

el tiempo time
tiene (tener) has, have
la tierra land
el tío uncle
el tipo fellow, person
tocar to knock; play
todavía adv., still; yet
todo everything, all
todo, -a all, every; —os all, everybody
tomar to take
la tontería foolishness
el tonto fool
el toro bull
torpe stupid

trabajar to work
el trabajo work; job
traer to bring
traeremos (traer) shall bring in
tranquilamente calmly
tranquilo, -a calm, quiet
tratar to treat; — de + inf., try to + inf.
treinta thirty
tres three
triste sad
tú you
tu your

U

único, -a only, sole
uno, -a one; —s, —as some, any
usar to use

el uso use
usted you
la uva grape; **granos de —s** grapes

V

valeroso, -a valiant, courageous, brave
valerosamente valiantly, courageously
el valor value
vamos(ir) we are going
van(ir) are going
la variedad variety
vario, -a various; pl., several
veinte twenty
el vendedor seller, salesman
vender to sell; **X comprar**
vengarse de to get even with
la venida coming, arrival
la ventana window
ver to see
el verano summer
la verdad truth; **Es —.** It is true.
verdadero, -a true, real

vez time; **en — de** instead of; **otra —** again; **a veces, de vez en cuando** from time to time
viajar to travel
el viajero traveler
la vida life; **X la muerte**
la viejecita little old lady
viejo, -a old
el viejo old man
la vista sight; view
visto p.p. of ver
vivir to live
vivo, -a live, alive; raw; **a lo —** lifelike
la voluntad will
volver(ue) to return; turn; **— a** verb + inf. again
voy a (ir) I am going to
la voz voice

Y

y   and
ya   now; already

Z

el zapato   shoe